СВЯЩЕННОЙ ПАМЯТИ

ГОСУДАРЫНИ ИМПЕРАТРИЦЫ

МАРІИ ѲЕОДОРОВНЫ.

ПЛОДЫ ПОПЕЧЕНІЙ

ГОСУДАРЫНИ ИМПЕРАТРИЦЫ

МАРІИ ѲЕОДОРОВНЫ

о

ВОСПИТАННИКАХЪ МОСКОВСКАГО КОММЕРЧЕСКАГО УЧИЛИЩА.

МОСКВА,
Въ Типографіи Семена Селивановскаго.
1829.

Печатать позволяется

съ тѣмъ, чтобы по отпечатаніи представлены были въ Цензурный Комитетъ три экземпляра. Москва, 1829 года, Іюня 16 дня. Цензоръ и Кавалеръ *Иванъ Снегиревъ*.

ОГЛАВЛЕНІЕ.

Стран.

1. Предисловіе. . . . . 3.
2. Священной памяти Государыни Императрицы МАРІИ ѲЕОДОРОВНЫ (Переводъ *Псищева*) . . . . 7.
3. Человѣкъ сотворенъ для блаженства (*Умденштока*). . . . . 20.
4. О Разумѣ (*Ив. Барышова*). . . . . 24.
5. О превосходствѣ разума просвѣщеннаго человѣка (*Волкова*). . 26.
6. Съ образованіемъ разума должно соединять и хорошую нравственность (*Н. Гончарова*). . . . . 30.
7. О Совѣсти (*И. Барышова*). . . . . 32.
8. Спокойствіе совѣсти есть лучшее наше сокровище (*Котова*). . 36.
9. О Чести (*Н. Пузырева*). . . . . 38.
10. О Счастіи (*В. Сысалина*). . . . . 43.
11. Хорошее воспитаніе имѣетъ цѣлію счастіе (*Горбунова*). . . . 45.
12. Просвѣщеніе необходимо для людей всякаго состоянія (*П. Прокофьева*). . . . . 49.
13. О благотворительности (*Верховцова*). . . . . 52.
14. О любви къ Отечеству (*Максимова*). . . . . 54.
15. Разсужденіе о томъ, что знаніе Отечественной Исторіи и Словесности необходимо для каждаго благовоспитаннаго человѣка (*А. Попова*). . . . . 57.
16. Разсужденіе о томъ, что можетъ возбуждать и питать въ согражданахъ чувство патріотизма (*его же*). . . . . 66.
17. Сравненіе Ликургова законодательства съ Солоновымъ (*Е. Пузырева*). . . . . 84.
18. Разсужденіе о происхожденіи, правахъ и обязанностяхъ Россійскаго купечества (*И. Барышова*). . . . . 91.

Стран.

19. Краткое обозрѣніе торговли древнихъ народовъ (*І. Крашенинникова*). 122

20. Краткое историческое обозрѣніе торговли Финикіянъ и Карфагенянъ (*Маляева*). 139

21. Разсужденіе о вліяніи крестовыхъ походовъ на Европейскую торговлю (*И. Барышова*). 151

22. Къ товарищамъ (*Артемова*). 173

23. На кончину Ея Величества Государыни Императрицы МАРІИ ѲЕОДОРОВНЫ (*А. Попова*). 175

Публикѣ извѣстны только тѣ постановленія Московскаго Коммерческаго Училища, которыя содержатся въ Высочайше Конфирмованномъ Планѣ онаго въ 12й день Марта 1804 года и въ Высочайшихъ Указахъ. Но послѣдовавшія съ того времени, при неусыпныхъ попеченіяхъ въ Бозѣ почившія Государыни Императрицы Маріи Ѳеодоровны и по Высочайшему Ея соизволенію, различныя дополненія къ постановленіямъ, повременное совершенствованіе внутренняго устройства, порядка и управленія Училищемъ, — все сіе хранится въ актахъ сего заведенія, кои свидѣтельствуютъ, что Ея Императорское Величество съ неимовѣрною заботливостію и неутомимостію вникать благоволила во всѣ, даже самомалѣйшія подробности, относившіяся къ благосостоянію Училища. Главнымъ же предметомъ Ея Высочайшихъ заботъ и попеченій было утвержденіе воспитанниковъ въ страхѣ Божіемъ, въ любви и преданности къ Государю и Отечеству, въ почтеніи къ родителямъ, благодѣтелямъ, Начальству и наставникамъ. Государыня Сама соизволила Всемилостивѣйше внушать дѣтямъ, что отъ твердости сихъ правилъ зависятъ не токмо успѣхи въ ученіи и доброй нравственности, показывающихъ благовоспитаннаго юношу, но и щастіе всѣхъ послѣдующихъ дней жизни. Непрестанными совѣтами, лестнымъ одобреніемъ, снисходительною ласкою утверждая дѣтей въ благонравіи и трудолюбіи, Она въ тоже самое время, съ нѣжностію Чадолюбивѣйшей Матери, заботилась и о доставленіи имъ необходимаго отъ занятій отдохновенія, самыхъ даже забавъ и игръ, ихъ полу и возрасту приличествующихъ и полезныхъ для развитія и укрѣпленія силъ тѣлесныхъ.

Августѣйшая Попечительница всегда Всемилостивѣйше изъявляла Высочайшую Свою волю, чтобъ воспитанники наши успѣвали въ образованіи, соотвѣтствующемъ духу Отечества, чтобъ они пребыли навсегда истинными сынами Церкви и Отечества — *коренными Рускими*, каковую волю и Августѣйшій Сынъ Ея, Всемилостивѣйшій ГОСУДАРЬ ИМПЕРАТОРЪ НИКОЛАЙ ПАВЛОВИЧЬ благоволилъ изъявить Московскому купечеству въ 1826 году. Такимъ образомъ Несравненная Государыня наша соединяла нравственное и умственное просвѣщеніе сихъ дѣтей съ физическимъ ихъ воспитаніемъ. На все доставало Всемилостивѣйшаго попеченія, вниманія, терпѣнія и благоснисхожденія. Щедроты, оказанныя Государынею Купеческому Обществу, многимъ семействамъ сего сословія, Членамъ Совѣта, управляющаго Училищемъ, Чиновникамъ онаго — безчисленны: словами ихъ невозможно изъяснить.

Во исполненіе собственной Ея Императорскаго Величества воли, толико благотворной для здѣшняго юношества, Ея Величеству подносимы были каждогодно, по окончаніи испытаній, подробные отчеты объ ученіи, успѣхахъ и поведеніи учащихся, Бухгалтерскія книги, прописи, чертежи, рисунки и упражненія по части отечественной Словесности и иностранныхъ, въ Училищѣ преподаваемыхъ языковъ. Все было удостоено Всемилостивѣйшаго воззрѣнія.

Нѣкоторые изъ таковыхъ, конечно незрѣлыхъ еще опытовъ воспитанниковъ Московскаго Коммерческаго Училища, двадцать пять лѣтъ покоившагося подъ благотворнымъ покровомъ Императрицы Маріи, Ею вѣчно щастливаго, представляются благосклонному вниманію почтеннаго и именитаго Московскаго купечества, благодѣющаго Училищу, а равно родителей, родственниковъ и благотворителей воспитывающихся въ семъ заведеніи дѣтей. Къ опытамъ воспитанниковъ присоединенъ сдѣланный однимъ изъ нихъ переводъ сочиненія, напечатаннаго на Французскомъ языкѣ въ С. п. бургѣ.

Да преходитъ во благословеніяхъ изъ рода въ родъ Священная память Государыни Императрицы Маріи Ѳеодоровны, Августѣйшей Покровительницы сего Училища! Да будетъ Ея Имя его вѣчною славою, утвержденіемъ и залогомъ благоденствія! —

Директоръ Училища Титъ Каменецкій.

Сколь прекрасна жизнь добродѣтельнаго на престолѣ! Съ распространеніемъ могущества, умножаются и обязанности его; чѣмъ болѣе онъ возвышается надъ прочими людьми, тѣмъ сильнѣе душа его стремится излить на нихъ благодѣянія. Кажется, онъ менѣе другихъ подверженъ превратностямъ счастія; онъ лучше чувствуетъ бремя бѣдствій, удручающихъ человѣчество. Онъ знаетъ возложенное на него званіе, священное и трудное, и постигнувъ всю его обширность и обязанности, исполняетъ долгъ званія, не имъ самимъ избраннаго, какъ бы опредѣленіе, отъ коего не можетъ уклониться. Если же добродѣтельный когда-либо и на престолѣ испытаетъ горесть могущества: то знаетъ, что таже Десница, которая возложила на главу его корону, даровала ему прекраснѣйшую власть услаждать скорби людей, трудиться для блага своего отечества и увѣковѣчить себя дѣлами безсмертными.

Но сколь еще прекраснѣе сіе званіе, когда оно ввѣрено самимъ Провидѣніемъ, когда сближаетъ сердце Жены съ благородными и трогательными обязанностями, когда даруешь Верховной Власти возможность прощать и благотворить, когда укрываетъ Царскій вѣнецъ отъ тягостныхъ обязанностей, отъ снѣдающихъ заботъ и предоставляетъ Скипетру правленіе любви и мира! Тогда, — если великодушная и чувствительная Жена, одна изъ тѣхъ, которыхъ Священное Писаніе именуетъ доблими, будетъ находиться близъ Престола, — тогда всѣ дни ея жизни исполнятся торжествъ — торжествъ, не орошаемыхъ кровію и слезами народа, но увѣковѣченныхъ благословеніями. Она промышляетъ о несчастныхъ, подкрѣпляетъ слабыхъ, преклоняетъ сильныхъ и, когда дни ея исполнятся, она кончается съ миромъ праведника, въ нѣдрахъ семейства, коего она была Ангеломъ-Хранителемъ, и среди воплей народа, который зналъ ее по однѣмъ только добротамъ и благодѣяніямъ.

Такова была жизнь и кончина Императрицы Маріи. Отъ престола до хижины раздался внезапный ударъ, лишившій Россію сей Великой Монархини, — и вопли всеобщей горести соотвѣтствовали слезамъ Августѣйшаго Ея Семейства. Вокругъ Ея гроба тѣснятся и вдова, лишенная опоры, и сирота, обрѣтавшая въ Ней свою Матерь. Похвала Ей истекаетъ изъ всѣхъ устъ, горесть потери изливается изъ всѣхъ сердецъ. Здѣсь прославляются высокія добродѣтели Ея, неизмѣняемое постоянство души и рѣдкое снисхожденіе; тамъ воспоминаютъ о благодѣяніяхъ, кои Она щедрою рукою разсыпала бѣднымъ, о цѣлыхъ поколѣніяхъ, спасенныхъ Ею отъ позора и безъизвѣстности; о добродѣтеляхъ семейственныхъ и общественныхъ, о добродѣтеляхъ предъ Богомъ, коими вполнѣ обладала Императрица Марія и съ коими явилась Она предъ Испытующимъ сердца всѣхъ и Читавшимъ въ собственномъ Ея сердцѣ.

Болѣе полувѣка протекло со дня прибытія Императрицы въ Россію — и все сіе время, посвященное обязанностямъ супруги и матери, было ознаменовано или жестокими утратами, или неизъяснимыми радостями. Обожаемый Ею Супругъ, четыре Дщери, изъ которыхъ три поражены смертію во цвѣтѣ лѣтъ и во всемъ блескѣ величія и красоты, предшествовали уже Ей на пути ко гробу; но смерть Императора Александра подвергла Ея силы душевныя испытанію живѣйшей скорби. Она лишилась въ Немъ не только первенца Своего сердца, но и Того, кѣмъ гордилась Ея любовь материнская. Истинно — Онъ былъ для Нея предметомъ нѣжнѣйшаго удивленія. Сколько горестей, сколько торжествъ раздѣляла Она съ Нимъ! Какъ услаждалась Его славою! Какъ страстно любила доброту души Его, какъ уважала чувствительный и благородный характеръ Его! Съ собственнымъ Ея сердцемъ согласовались восклицанія народовъ, слуха Ея достигавшія. Съ какимъ попеченіемъ, съ какою дѣятельностію всегда споспѣшествовала Она великодушнымъ намѣреніямъ Своего Сына! Не видали ли мы, съ какимъ рвеніемъ раздѣляла Она сердечныя движенія и благодѣянія Его, во время наводненія въ С. Петербургѣ! Съ какимъ искуствомъ, осмѣливаемся сказать, управляла Она всегдашнею готовностію Императора Александра стремиться на помощь злополучному и сострадать судьбѣ несчастныхъ, утѣшеніе которыхъ превышало власть Ея! Чѣмъ быстрѣе постигало кого-либо несчастіе, тѣмъ сильнѣе терзалось сердце Августѣйшей Матери Александра. — Въ послѣдствіи времени мы видѣли, какъ наслаждалась Она благоденствіемъ Своего семейства, какъ веселилась народнымъ спокойствіемъ, славою земли Своей, успѣхами нашего оружія; но и въ нѣдрѣ всѣхъ сихъ радостей оставались еще слѣды неизгладимой горести, и среди живѣйшихъ движеній душевныхъ, во святилищѣ мыслей Ея присутствовалъ образъ Того, который не существовалъ уже и котораго Она всегда оплакивала.

Общественная жизнь Императрицы была не менѣе удивительна; ибо Государство составляло также семейство Ея. Изъ рукъ Любезнѣйшаго Супруга Своего Она приняла начальство надъ большею частію заведеній, посвященныхъ воспитанію юношества, въ особенности же Ея пола, — и, въ теченіи 30 лѣтъ, Императрица Марія исполняла сію священную должность съ мудрымъ попеченіемъ и безпримѣрнымъ усердіемъ. Едва ли когда человѣкъ общественный исполнялъ свои обязанности съ бо́льшею дѣятельностію и неутомимостію. Каждый часъ дня Императрицею назначенъ былъ для занятій; пробуждаясь съ зарею, Она или уединялась въ Свой кабинетъ, откуда давала предписанія

Своимъ многочисленнымъ заведеніямъ, или удостоивала оныя собственнымъ посѣщеніемъ, гдѣ каждый предметъ разсматривала съ особеннымъ вниманіемъ, какое Она обращала даже на всякую малость. Доступная для всякаго, человѣколюбивая, снисходительная, Она поощряла съ живостію, выговаривала съ кротостію. Подъ Высочайшимъ надзоромъ Императрицы находилось обширное управленіе, и тѣ, которые имѣли счастіе всегда быть при Государынѣ, чрезвычайно удивлялись Ея дѣятельности, ничѣмъ неутомимой, Ея великодушной добротѣ, коей самая неблагодарность не ослабляла, Ея попеченію, всегда постоянному, и пламенной любви къ человѣчеству. Среди юношества Императрица являлась нѣжнѣйшею Матерью, заботливою о ихъ благосостояніи и успѣхахъ въ ученіи. Она знала здоровье и положеніе каждаго изъ дѣтей, удостоенныхъ Ея попеченій; Она вѣдала всѣ ихъ нужды. Какъ Благотворительница юныхъ питомицъ, Она покровительствовала и родителямъ оныхъ, — и не одна юная сирота, воспитанная подъ Ея покровомъ, обрѣла въ Ней благополучіе своей жизни и спокойствіе своего семейства. Нѣтъ ни одной области въ обширной Россійской Имперіи, гдѣ не нашлись бы цѣлыя семейства, обязанныя Ей воспитаніемъ дѣтей своихъ и улучшеніемъ судьбы своей. Не страшась обвиненія въ преувеличеніи, можно сказать, что нельзя изчислить образованныхъ, покровительствованныхъ и осчастливленныхъ Императрицею; самая ничтожная хижина въ Россіи полна благодѣяній Ея. Никогда Христіанское милосердіе не встрѣчало для себя столь достойной Монархини. Благодарное Отечество поставить Имя Императрицы Марии первымъ въ ряду тѣхъ, которые хотя и не управляли браздами Имперіи, но тѣмъ не менѣе способствовали къ возвышенію и славѣ оной своимъ благимъ и долговременнымъ вліяніемъ.

Императрица, всегда внимательная ко всему, что содѣйствуетъ славѣ и величію Отечества, принимала живѣйшее участіе въ успѣхахъ наукъ и искуствъ въ Россіи. Возможно ли забыть достопамятное собраніе Академіи Наукъ, которое удостоила Своимъ посѣщеніемъ сія Августѣйшая Монархиня, назадъ тому пятьдесятъ лѣтъ благоволившая присутствовать при празднованіи полувѣковаго юбилея оной? Такое сближеніе времени придавало въ сей день присутствію Ея нѣчто торжественное и благоговѣйное; Она одна пережила своихъ современниковъ во цвѣтѣ силъ душевныхъ и тѣлесныхъ; Она одна являлась посредницею между столѣтіемъ протекшимъ и новорождающимся, и великая душа Ея, исполненная многоразличныхъ и сладчайшихъ ощущеній, казалось, получила новую силу при видѣ Праправнука Петра I, присутствіемъ во святилищѣ Наукъ воздающаго честь знаменитому Своему Предшественнику.

Съ такими высокими и вѣковѣчными добродѣтелями Императрица Марія соединяла милыя качества внѣшней доброты: нѣжно любимая всѣми, Ее окружавшими, Она пользовалась преимуществомъ, рѣдко встрѣчаемымъ близь трона, — Она знала сладость дружбы — и никто съ бо́льшимъ постоянствомъ не исполнялъ обязанностей сего священнаго чувствованія. Когда смерть готовилась поразить старѣйшаго и самаго искренняго друга Императрицы, — Княгиню Ливенъ, Она Сама провела нѣсколько ночей у ея изголовья и держа въ рукахъ оледенѣвшую руку своего друга, первая почувствовала, что біеніе пульса ея остановилось и первая узнала о кончинѣ. Ни въ какихъ обстоятельствахъ, ни въ какомъ положеніи, сердце Императрицы не измѣняло тѣмъ, которыхъ Она любила. Ея друзья, ибо Она почитала за счастіе находить ихъ и приписывать имъ сіе титло, всегда видѣли въ Ней одинаковую любовь и довѣренность къ себѣ; съ ними забывала Она высокій санъ свой; среди ихъ Она являлась нѣжною, великодушною женщиною, которая принимала во всемъ участіе, радовалась и скорбѣла съ друзьями, вникала въ ихъ намѣренія, съ жаромъ содѣйствовала ихъ пользѣ; Ея сердце, всегда готовое отзываться на гласъ чувствительности, способно было къ самымъ искреннимъ движеніямъ. Счастіе наслаждаться дружбою, кажется, обратилось въ возмездіе, дарованное Ей самимъ Провидѣніемъ для услажденія сильныхъ горестей Ея жизни. Такъ, ни одна Государыня не вмѣщала въ себѣ столь высокихъ добротъ, возбуждающихъ почтеніе, и семейственныхъ добродѣтелей, умѣрявшихъ блескъ первыхъ.

Императрица, посвятившая всю жизнь на исполненіе Своихъ обязанностей, поставляла въ числѣ оныхъ ту, которую налагалъ на Нее порфироносный санъ: поддержаніе внѣшней пышности, какъ бы представительницы величія, могущества и необходимой принадлежности престола Царскаго. Государыня являлась среди Двора Своего съ тою совершенною привѣтливостью, какою отличалась Она въ высшей степени; Россіяне и чужестранцы, представлявшіеся Особѣ Ея, равно были проникнуты глубокими чувствіями уваженія и признательности. — Одаренная счастливою памятью, Императрица Марія не только видѣла родившіяся поколѣнія возраставшими предъ очами Ея, но знала подробно состояніе всѣхъ знатныхъ семействъ и утѣшалась, усматривая у престола сыновъ тѣхъ особъ, которые имѣли счастіе находиться при Ней въ юности Ея. — Долговременное пребываніе Императрицы въ Россіи сроднило Ее, такъ сказать, съ Государствомъ, и никто и никогда не любилъ онаго съ бо́льшимъ жаромъ, съ бо́льшею преданностію. Соединенная съ судьбою нашего Отечества цѣпію счастливыхъ и несчастныхъ перемѣнъ, Императрица принимала живѣйшее участіе какъ въ славѣ его, такъ и въ напасти; сія пламенная страсть господствовала надъ всѣми Ея чувствованіями; до послѣдней минуты жизни благоденствіе Имперіи заключалось въ сердцѣ Государыни вмѣстѣ со славою Ея Дома и съ благоденствіемъ Ея Семейства.

Послѣдняя болѣзнь, похитившая Императрицу, въ первыхъ своихъ признакахъ не представляла ничего опаснаго. По утру 23 Октября Августѣйшая Монархиня по наружности обѣщала выздоровленіе. Къ вечеру, вдругъ опасность увеличилась и всѣ надежды исчезли. Лишь только узнала Она о Своемъ положеніи, тотчасъ изъявила желаніе пріобщиться Святыхъ Таинъ. ГОСУДАРЬ ИМПЕРАТОРЪ и ГОСУДАРЫНЯ ИМПЕРАТРИЦА находились при Ней безотлучно.

Готовясь явиться предъ престоломъ Всевышняго, Марія благословила всѣхъ Дѣтей Своихъ, не забывши и о тѣхъ, которые разлучены съ Нею были въ сію священную минуту; Она велѣла призвать Наслѣдника Престола и Его Сестрѣ, — и при помощи Августѣйшаго Своего Сына — возложила ослабѣвшую руку на главу младенца Константина, пробужденнаго отъ сна. Вскорѣ послѣ того Она закрыла глаза и не произнесла болѣе ни одного слова; послѣднимъ Ея движеніемъ — былъ взглядъ на ГОСУДАРЯ ИМПЕРАТОРА.... Около двухъ часовъ утра Императрица испустила послѣднее дыханіе жизни — спокойно, безъ скорби и томленія.

Что еще прибавлю къ сему простому повѣствованію? Какія слова были бы приличны для изображенія величественнаго зрѣлища, которое представляетъ намъ Монархиня, вдовствующая Супруга — и Матерь двухъ могущественнѣйшихъ Царей — нѣжнѣйшая Мать, окруженная въ послѣднія минуты жизни многочисленными отраслями Августѣйшаго Своего семейства, наконецъ Жена доблественная, въ чистотѣ сердца и безъ упрековъ совѣсти, достигшая предѣловъ отдаленнаго поприща, единственно посвященнаго служенію высокимъ добродѣтелямъ? Представьте, какъ Она, уже готовая явиться предъ Судіею Всевышнимъ, заключаетъ въ объятія Свои Августѣйшаго Сына, Котораго Промыслъ поставилъ Главою великодушнаго народа, и того Великаго Князя, который нѣкогда будетъ Монархомъ чадъ нашихъ, и другаго царственнаго Младенца, покоившагося вблизи сего поразительнаго зрѣлища, и еще незнавшаго, что такое жизнь и смерть! И такъ, при подножіи сего одра скорби соединились Вѣра съ безсмертною Надеждою, нѣжная Любовь со всѣми своими страданіями, могущество съ временнымъ величіемъ — и вмѣстѣ улыбающаяся невинность, украшенная всѣми своими прелестями. Представьте, что Августѣйшая Жена умирающая, вознося къ Небу Свои послѣднія и торжественныя молитвы, призываетъ на главы любезныхъ сердцу Ея благословеніе Всевышняго Существа и сливаетъ въ одно желаніе — благоденствіе семейства Своего и благословенную будущность Отечества! Представьте, какъ Она взираетъ въ послѣдній разъ очами любви на юнаго Монарха, погруженнаго въ горесть, на Его обожаемую Супругу, а потомъ тихо успокоевается сномъ Праведницы, оставляя на землѣ воспоминаніе о вѣнценосной добродѣтели, испытанной въ теченіи полувѣка бѣдствіемъ и счастіемъ, и всегда являвшейся послѣ таковой борьбы еще чище, еще лучезарнѣе!....

Оплачемъ, оплачемъ бренные останки Августѣйшей Монархини, которую Отечество, сонмы страждущихъ и злополучныхъ именовали Матерію! Но не дерзнемъ помыслить, чтобы сія признательность могла замѣнить воспоминаніе о Ней: жизнь и смерть Существа добродѣтельнаго преподаютъ намъ великій и спасительный урокъ. Если Провидѣнію угодно было даровать народамъ таковый урокъ съ высоты Престола, могущественнѣйшаго въ мірѣ, если

Оно соединило въ Государынѣ добродѣтели общественныя съ частными, и если наконецъ Хрістіанская смерть представляется намъ подъ царственною порфирою: то да послужитъ сей краснорѣчивый урокъ въ назиданіе всѣмъ народамъ, — да будетъ онъ вождемъ и свѣтильникомъ ихъ; и въ нѣдрахъ семействъ и среди переворотовъ общественныхъ да обратится память благочестивой Жены, промѣнявшей тлѣнную порфиру царскую на вѣнецъ безсмертный, да обратится навсегда въ народное преданіе, которое отцы, передавая дѣтямъ своимъ, научатъ ихъ хорошо жить и хорошо умирать! —

Человѣкъ сотворенъ для блаженства.

Для чего дарованъ отъ Бога разумъ человѣку, отличающій его отъ прочихъ животныхъ? Для чего имѣетъ онъ способность мыслить, коей, кромѣ его, никакое животное не имѣетъ? Для чего Премудрый Творецъ одарилъ человѣка душею безсмертною? — Не для того-ли, чтобы помощію сего неоцѣненнаго дара человѣкъ познавалъ себя и бытіе свое, окружающіе его предметы, Творца своего, достоинство свое и преимущество на земли, цѣль, для коей онъ сотворенъ, — и, стремясь къ этой цѣли всѣми силами, возносился бы къ Виновнику бытія своего? И чего не объемлетъ разумъ человѣка, на что не отваживается? Есть-ли что на небѣ, на земли, въ водахъ, во мракѣ прошедшаго и въ неизвѣстности будущаго, чего бы разумъ не постигалъ, или не силился постигнуть, объяснить и сравнить съ тѣмъ, что уже ему извѣстно? — Хотя онъ многократно и заблуждается, весьма часто принимаетъ правдоподобное за вѣроятное и многаго не можетъ постигнуть; но кто не согласится въ истинѣ того, что совершенно имъ постигнуто, и кто не признаетъ сего непреодолимаго стремленія къ тому, чего еще не могъ и не успѣлъ постигнуть?

Сія-то способность поставляетъ человѣка выше всѣхъ прочихъ животныхъ на лѣствицѣ существъ, и ясно показываетъ достоинство его, преимущества и цѣль бытія.

Всѣ люди сотворены Богомъ для совершенства и блаженства. Хотя мы и видимъ многихъ, терпящихъ различныя скорби, напасти и гоненія, однакожь изъ сего не слѣдуетъ заключить, что смертные лишены блаженства; ибо всѣ бѣдствія, по большой части, происходятъ отъ самихъ людей, а ежели и не отъ нихъ: то онѣ суть только испытанія, служащія для ихъ же исправленія. И такъ — для достиженія назначеннаго намъ блаженства, необходимо должно отвергнуться самаго себя и отрещись отъ міра, по словамъ Спасителя. Но не должно думать, чтобъ отрещись отъ міра, значило оставить всѣ вещи, находящіяся въ мірѣ; ибо безъ нихъ мы не могли бы и жить: — это значитъ только отвращаться отъ того, что отвлекаетъ насъ отъ любви къ Богу, и что служитъ преградою нашему истинному блаженству. Впрочемъ и сіе отверженіе отъ самаго себя, отъ своихъ страстей и пристрастій, отреченіе отъ міра не будетъ совершеннымъ, если человѣкъ все станетъ дѣлать самъ собою, безъ руководства Вѣры и безъ помощи Божіей, если онъ будетъ провождать жизнь, не ощущая своего высокаго достоинства и позабывая великое свое предназначеніе. — Искусство жить сообразно сему назначенію и достоинству, извѣстное только людямъ, озареннымъ свѣтомъ истины Божественной, непостижимо для людей легкомысленныхъ, поставляющихъ всю цѣну жизни въ чувственныхъ удовольствіяхъ, или въ раболѣпствѣ непостоянному счастію.

Въ книгахъ Священнаго Писанія мы находимъ доказательство тому, что вѣчное блаженство принадлежитъ не любимцамъ счастія, но людямъ, испытавшимъ многія скорби на поприщѣ временной жизни. И такъ, не весьма-ли безразсудны тѣ, которые не внемлютъ сему гласу, не слѣдуютъ пути, сколь ясно показанному, и употребляютъ во зло душевныя способности — сіи дары милосердаго Бога, кои благоволилъ Онъ излить на человѣка для того единственно, чтобы помощію ихъ достигнуть обѣщаннаго блаженства? — Напротивъ того, сколь счастливъ человѣкъ, внимающій утѣшительнымъ истинамъ Вѣры, повинующійся гласу разума и совѣсти, и жизнію своей оправдывающій благодатное званіе человѣка-христіанина! Онъ идетъ прямо по сему пути, руководимый Вѣрою и утѣшаемый Надеждою полученія уготованной ему награды въ блаженной вѣчности.

Такъ! не тщетно человѣкъ дерзаетъ предаваться высокимъ, утѣшительнымъ и сладостнымъ надеждамъ на безсмертіе!... Надежды сіи, мысли, согласныя съ здравымъ разумомъ и оживотворяемыя Святою Вѣрою, укрѣпляютъ духъ его среди превратностей измѣнчиваго счастія, освящаютъ его намѣренія и дѣла на томъ поприщѣ, на которое его призвало и поставило Провидѣніе.

И не ясно-ли доказываетъ будущее наше блаженство душа — своею простотою, неразрушимостію и безсмертіемъ? Не убѣждаетъ-ли насъ въ сей истинѣ зрѣлый разумъ, здравыя умствованія и доказательства, извлеченныя изъ неизмѣняемыхъ свойствъ души? Не читаемъ-ли мы въ Священныхъ книгахъ и въ совѣсти своей, что въ будущей жизни человѣкъ получитъ награду за свои добрыя дѣла и наказаніе за злыя?... И такъ, нѣтъ болѣе сомнѣнія, что человѣкъ сотворенъ для безсмертія, для блаженства, и получитъ оное, если не употребитъ во зло даровъ Благости и Милосердія Творца своего.

Человѣкъ будетъ вѣчно жить, какъ существо разумное, свободное, дѣятельное и совершеннѣйшее. Безсмертіе! Вѣчность! Какое преимущество, какая награда для смертнаго! Хотя всѣ красоты природы увянутъ и исчезнутъ, хотя солнце и звѣзды померкнутъ, хотя весь міръ превратится въ первобытный хаосъ: но добродѣтельный человѣкъ и тогда будетъ жить; онъ получитъ отъ Бога въ вѣчности гораздо болѣе, нежели сколько могъ бы получить отъ всего видимаго міра; онъ получитъ безсмертіе, а съ нимъ вмѣстѣ и вѣчное блаженство.

О РАЗУМѢ.

Егда бѣхъ младенецъ, яко младенецъ глаголахъ, яко младенецъ мудрствовахъ, яко младенецъ смышляхъ: егда же быхъ мужъ, отвергохъ младенческая. *1. Кор. XIII, 11.*

Способность, возвышающая человѣка надъ прочими твореніями — способность понимать и судить о постигаемыхъ для нее предметахъ, называется *Разумомъ*. Драгоцѣннѣйшій даръ Неба! Разумомъ человѣкъ благородствуется и отличается отъ другихъ тварей; безъ него недостоинъ имени человѣка. Дѣйствіе разума подобно дѣйствію солнца: съ появленіемъ сего свѣтила лучезарнаго и животворящаго разсѣвается мракъ ночи, пробуждается вся природа къ новой дѣятельности; съ первыми дѣйствіями разума въ человѣкѣ начинаютъ изчезать предразсудки и заблужденія, и онъ чувствуетъ новое бытіе, новую жизнь, а съ нею новыя высшія и чистѣйшія наслажденія, достойныя существа безсмертнаго и разумнаго.

Разумъ растетъ въ человѣкѣ съ его возрастомъ и развивается съ его дѣятельностію въ жизни. Въ дѣтствѣ онъ слабъ; ибо тогда человѣкъ не имѣетъ надлежащихъ понятій и сужденій, и органы чувствъ его бываютъ тогда не совершенно образованы. Въ лѣта юношескія, когда душевныя и тѣлесныя силы человѣка болѣе проявляются, когда впечатлѣнія дѣйствуютъ на него сильнѣе, нежели въ дѣтствѣ, когда страсти начинаютъ напрягать и потрясать всѣ струны души его — юный и неопытный разумъ часто заблуждается, впадаетъ въ погрѣшности и совращается съ истиннаго пути. Впрочемъ въ этомъ виновны болѣе мы сами, или наши воспитатели, которые не умѣли дать ему надлежащаго направленія. Совершенное-жь и полное дѣйствіе разума начинается уже въ лѣта возмужалости. Тогда, созрѣвъ отъ опытовъ, наблюденій и размышленія, онъ оказываетъ всю свою силу, является въ полномъ цвѣтѣ своемъ. Съ этаго времени человѣкъ въ полной мѣрѣ ощущаетъ свое превосходство надъ другими твореніями, яснѣе познаетъ цѣль своего предназначенія, пламеннѣе и постояннѣе стремится къ достиженію оной. Съ наступленіемъ старости — тѣлесныя, умственныя и нравственныя силы человѣка начинаютъ ослабѣвать, чувства его притупляются, понятія смѣшиваются, и разумъ, дотолѣ здравый и основательный, лишается сихъ качествъ, теряетъ свою прежнюю точность и съ постепеннымъ разрушеніемъ тѣлеснаго состава наконецъ слабѣетъ и помрачается. Такое состояніе человѣка есть самое жалкое. Изъ мужа, славившагося не задолго предъ симъ своею опытностію, проницательностію, глубокими свѣдѣніями, онъ возвращается къ прежнему младенчеству и соединяетъ въ себѣ многія черты, замѣтныя въ семъ первомъ возрастѣ жизни, какъ то: легковѣріе, робость, малодушіе, раздражительность и проч.

Главнѣйшее совершенство разума въ человѣкѣ представляетъ *даръ слова*. Какая бы польза была отъ разума, еслибы человѣкъ не могъ говорить? Тогда бы всѣ превосходнѣйшія его мысли, всѣ благороднѣйшія его намѣренія, оставались неизвѣстными. Другія главныя свойства разума суть *основательность* и *точность*, замѣчаемыя въ изслѣдованіи вещей отъ главныхъ свойствъ до малѣйшихъ подробностей, въ безошибочномъ и удовлетворительномъ объясненіи оныхъ и въ удержаніи себя отъ рѣшительнаго сужденія, когда нѣтъ способовъ судить вѣрно. Желая имѣть полное понятіе о какомъ-либо предметѣ, мы, безъ сомнѣнія, должны вникнуть въ малѣйшія его подробности и отношенія; иначе заключеніе наше будетъ невѣрнымъ. Для разума нужна еще *проницательность*, то есть, что бы онъ могъ скоро постигать главнѣйшія свойства разсматриваемаго предмета, не взирая на его многосложность, или судить о какомъ-либо дѣлѣ, хотя бы оно было темно и запутанно,— словомъ: чтобы разумъ былъ въ состояніи отвергать все излишнее и ложное, извлекать одно только существенное и истинное, чтобъ служилъ для человѣка неугасаемымъ въ жизни свѣтильникомъ, озаряющимъ его умъ и прогоняющимъ мракъ невѣжества и заблужденій. — Вотъ главнѣйшія свойства разума, и человѣкъ, вполнѣ обладающій оными, по справедливости можетъ называться *разумнымъ, мыслящимъ существомъ!*

О ПРЕВОСХОДСТВѢ РАЗУМА ПРОСВѢЩЕННАГО ЧЕЛОВѢКА.

Въ пространномъ мірѣ семъ, человѣкъ, какъ разумное существо, занимаетъ первое мѣсто. Всѣ предметы, его окружающіе, споспѣшествуютъ развитію душевныхъ его способностей. Одни увеселяютъ его чувства, питая воображеніе, другіе обогащаютъ его мысли, раскрывая умъ. Все изящное, представляющееся наблюдательному оку въ великолѣпномъ зрѣлищѣ Природы, образуетъ вкусъ его, все высокое возбуждаетъ въ немъ чувствованіе удивленія и восторга. Онъ возносится мыслями къ Зиждителю міра; порядокъ и гармонія во вселенной занимаютъ его способности душевныя, сообщая имъ болѣе силы, болѣе дѣятельности. — Хотя человѣкъ является на сценѣ міра безъ всякихъ способностей, безъ искусства, безъ орудій для защищенія самаго себя, съ коими раждаются животныя; но онъ приноситъ съ собою самыя высокія расположенія, какія только могутъ быть свойственны существу разумному, и разумомъ своимъ вознаграждаетъ всѣ сіи недостатки. — Богъ даровалъ ему разумъ, и съ нимъ вмѣстѣ силу дѣйствовать на землѣ, имъ обитаемой. Руководимый симъ наставникомъ и озаряемый его лучами, онъ возносится за предѣлы чувственности, вникаетъ въ таинства Природы, постигаетъ сокрытое отъ бренныхъ очей его; разсматривая настоящее, приводитъ себѣ на мысль прошедшее и предусматриваетъ будущее, избираетъ все лучшее и стремится къ истинному, изящному, высокому и доброму.

Посредствомъ разума человѣкъ постигаетъ не только доброту и красоту предметовъ, но и научается дѣйствительному употребленію оныхъ. Науки содѣлываютъ его обладателемъ всей вселенной; онъ познаетъ, что всѣ удобства и выгоды, коими пользуются другія творенія, и даже онѣ сами служатъ къ его употребленію; ибо онъ поставленъ господствовать надъ ними. Онъ знаетъ, что для него весна расточаетъ щедрою рукой дары свои; что для него осень наполняетъ житницы хлѣбомъ и сады украшаетъ плодами, что для него вращаются великія свѣтила и безчисленныя звѣзды на тверди небесной! Человѣкъ можетъ переплывать моря, волны и вѣтры покорствуютъ его намѣреніямъ; сокровища, въ нѣдрахъ земли заключенныя, для него извлекаются и удовлетворяютъ его нуждамъ; самые даже громы и молніи покоряются его законамъ, коими полагаетъ имъ предѣлы. Но сіи чудеса мірозданія, сіе величественное, благоговѣйное созерцаніе Природы не могутъ вполнѣ занимать и плѣнять человѣка непросвѣщеннаго, не могутъ возбудить чувствованій удивленія и благоговѣнія въ невѣждѣ. Одинъ мудрецъ видитъ въ природѣ неразрывную цѣпь, соединяющую всѣ творенія, и повсюду находитъ пути дѣятельности животной и источники блаженства. Онъ разсматриваетъ міръ естественный и нравственный во всемъ его изяществѣ — въ священной его гармоніи съ міромъ духовнымъ! И если излагаетъ онъ мысли свои словомъ: то сіи творенія ума его чрезъ многіе вѣки живутъ между народами и достигаютъ позднѣйшаго потомства изъ поколѣнія въ поколѣніе, изъ одной страны въ другую.

Съ сими драгоцѣнными плодами разума, съ сими знатнѣйшими преимуществами бытія своего соединяетъ разумный человѣкъ и другія многія отличія, кои содѣлываютъ его благороднѣйшимъ, и достойнѣйшимъ предназначенія его на земли и на небѣ.

Если сердце человѣческое сотворено для чувствованія, если умъ дарованъ людямъ для паренія за предѣлы чувственности, на быстрыхъ крыліяхъ воображенія, и для созерцанія выстихъ истинъ, если разумъ его, сей даръ Всемогущаго, даръ, въ коемъ премудрость Творческая должна отражаться, какъ въ зеркалѣ, если сей даръ для того данъ ему, чтобы возноситься съ благоговѣніемъ къ Зиждителю міра и поучаться въ Его твореніяхъ: то Богъ и вселенная должны преимущественно занимать разумъ всякаго смертнаго.

Предѣлы земли и чувствъ не суть предѣлы ума человѣческаго, коему суждено и дозволено возноситься до небесъ. Измѣряя величину планетъ и свѣтилъ небесныхъ, онъ познаетъ всеобщіе, вѣчные законы, по коимъ онѣ совершаютъ свое движеніе; разсматривая солнце и зная, что оно въ милліонъ кратъ больше земли, онъ разсуждаетъ, что земля, лишась всеоживотворяющихъ его лучей, была бы не иное что, какъ бездушная масса, глыба мертваго вещества. Безъ лучей солнечныхъ мы не видали бы ни деревъ, ни растѣній; не видали бы тучныхъ пажитей и нивъ златокласныхъ, однимъ словомъ: разумъ научаетъ человѣка познавать Бога, природу, самаго себя и стремиться къ великой цѣли своего назначенія, которая состоитъ въ истинѣ и добрѣ, сближающихъ смертнаго съ Безсмертнымъ и Святымъ.

Обозрѣвая съ удивленіемъ цѣлыя громады міровъ, объемля ихъ огромность и пространство, созерцая красоту и великолѣпіе оныхъ, человѣкъ умомъ постигаетъ, что вся вселенная есть изящнѣйшее твореніе Всемогущаго Зиждителя и что Онъ же даровалъ человѣку разумъ для созерцанія всего величія видимаго міра, и душу безсмертную, для возношенія въ молитвенныхъ желаніяхъ, въ благоговѣйныхъ восторгахъ къ Виновнику бытія своего.

Съ образованіемъ разума должно соединять и хорошую нравственность.

»*Прямую цѣну уму даетъ благонравіе. Безъ него умной че-*
»*ловѣкъ чудовище. Умнаго человѣка легко извинить можно,*
»*если онъ какого - нибудь качества ума и не имѣетъ. Чест-*
»*ный человѣкъ долженъ быть совершенно честный человѣкъ.*«

Фонъ-Визинъ.

Образуя разумъ, должно вмѣстѣ образовать и нравственность, или, просвѣщая умъ, должно стараться и объ исправленіи сердца. — Истинно просвѣщеннымъ человѣкомъ почитается тотъ, который съ обширными познаніями соединяетъ отличное благонравіе. Многіе, образуя умъ, но не умѣя обуздывать своихъ страстей, преступаютъ предѣлы доброй нравственности, и часто употребляютъ во зло сіе неоцѣненное сокровище; они мечтаютъ о томъ, что даетъ поводъ къ разнымъ заблужденіямъ, или отвергаютъ мнѣнія людей благомыслящихъ, принимая ложныя доказательства за достовѣрныя, — и все сіе, болѣе или менѣе бываетъ слѣдствіемъ испорченной ихъ нравственности. Примѣромъ сему могутъ служить многіе люди съ отличными дарованіями, которые, не полагая предѣловъ своему разуму и пылкому воображенію, въ короткое время совращаютъ многихъ съ истиннаго пути добродѣтели, разливая свой ядъ или въ сочиненіяхъ своихъ, или соблазняя многихъ своими мнѣніями и поступками. Такіе примѣры служатъ неоспоримымъ доказательствомъ, сколь необходимо съ образованіемъ разума соединять и добрую нравственность.

Юноши, пріобрѣтающіе познанія вмѣстѣ съ хорошими качествами сердца, не имѣютъ ли права на ожиданіе постояннаго счастія въ жизни, къ коему нравственность, такъ сказать, приготовляетъ ихъ? Сколь часто мы видимъ, что нѣкоторые изъ таковыхъ людей, хотя и не имѣютъ обширныхъ познаній, но поступая всегда по правиламъ доброй нравственности и стараясь быть полезными обществу, служатъ образцами для людей съ отличными талантами. Нравственность, основанная на правилахъ Святой Вѣры, необходима во всѣхъ случаяхъ и состояніяхъ жизни; а особливо тогда, когда, по какимъ-либо обстоятельствамъ, мы бываемъ окружены людьми, чуждыми благонравія и добродѣтели; въ сихъ-то именно случаяхъ соблюденіе нравственности должно быть главнымъ предметомъ всѣхъ нашихъ поступковъ, дабы мы могли сохранить себя отъ вліянія вредныхъ примѣровъ и заразительнаго сообщества порочныхъ людей. Часто молодые просвѣщенные люди, или по незнанію свѣта, или по неопытности, дѣлаются сообщниками людей ложно-добродѣтельныхъ, и увлекаясь толпою мнимыхъ друзей, ввергаются въ бездну пороковъ и доводятъ себя до самаго бѣдственнаго и жалкаго состоянія. И такъ, весьма необходимо въ молодыхъ лѣтахъ соединять съ образованіемъ и благонравіе, и благочестіе, которое всегда ведетъ людей къ истинному благосостоянію, и которое одно только можетъ сдѣлать непримѣтными недостатки ума и быть всегдашнею защитою отъ пагубныхъ искушеній и твердою опорою въ испытаніяхъ человѣка бѣдствіями жизни.

О совѣсти.

Совѣсть для человѣка бываетъ и величайшею наградою, и величайшимъ наказаніемъ. Что́ можетъ сравниться съ тѣмъ удовольствіемъ, которое онъ чувствуетъ отъ сдѣланнаго добра, и съ тѣмъ мученіемъ, которое происходитъ въ насъ отъ дурнаго дѣла? И такъ, совѣсть можно назвать безпристрастнѣйшимъ цѣнителемъ и судіею всѣхъ дѣяній человѣческихъ. Одобреніе такого Судіи должно быть превосходнѣе всякой награды, порицаніе — несноснѣе всякаго наказанія.

Каждый человѣкъ родится и умираетъ съ совѣстію. Несправедливо говорятъ нѣкоторые о порочныхъ людяхъ; у нихъ нѣтъ совѣсти; они потеряли совѣсть. Нѣтъ, совѣсть ни истребить, ни потерять невозможно. Какъ бы пороченъ и развращенъ ни былъ человѣкъ, совѣсть никогда его не оставитъ; она непрестанно будетъ напоминать ему о преступленіяхъ, его непрестанно станетъ угрызать его сердце. Напрасно предается онъ забавамъ и разсѣянности, напрасно старается шумомъ удовольствій заглушить грозной гласъ ея, — ни днемъ, ни ночью не найдетъ для себя спокойствія. Благотворный сонъ, отрада добрыхъ, утѣшитель несчастныхъ, убѣжитъ отъ глазъ его; преступному ужасенъ будетъ мракъ ночи и еще ужаснѣе уединеніе; всѣ гнусныя его дѣла тогда ему представляются; онъ во всей силѣ чувствуетъ упреки совѣсти, и казнится за свои преступленія. Для примиренія съ совѣстію, надобно стараться, сколько можно, загладить раскаяніемъ сдѣланной нами дурной поступокъ и вознаградить вредъ, отъ него произшедшій.

Совѣсть дана человѣку въ путеводители на трудномъ поприщѣ жизни. Внимая ея гласу, онъ счастливо будетъ проходить сей пространный и запутанный лабиринтъ, не опасаясь заблудиться въ ономъ. Въ самомъ дѣлѣ, чье руководство можетъ быть лучше, вѣрнѣе и успѣшнѣе руководства собственной совѣсти? Какой воспитатель удобнѣе внушитъ своему питомцу отвращеніе отъ пороковъ и любовь къ добродѣтели, какъ не Совѣсть?... Награды ея сладостны, наказанія всегда справедливы. Жанъ-Жакъ Руссо называетъ совѣсть божественнымъ внушеніемъ, небеснымъ и безсмертнымъ гласомъ, руководящимъ человѣка и содѣлывающимъ его Богоподобнымъ. Отвращая насъ отъ зла и преклоняя къ добру, истребляя дурныя и порождая въ насъ похвальныя склонности, она дѣйствительно возвышаетъ нашу душу, возбуждая въ ней благородныя священныя, чувствованія, чрезъ сіе сближаетъ человѣка съ Творцемъ его! Шатобріанъ почитаетъ совѣсть вторымъ доказательствомъ безсмертія души. Если бъ душа наша не была безсмертною, если бъ мы не долженствовали нѣкогда отвѣчать за худыя дѣла свои, — если бъ порокъ былъ неразлученъ съ бытіемъ человѣческимъ: то отъ чего же происходятъ сіи страшныя угрызенія, возмущающія спокойствіе людей порочныхъ?... Тигръ, говоритъ Шатобріанъ, растерзываетъ свою добычу и спокойно засыпаетъ; но человѣкъ, умертвивъ подобнаго себѣ, теряетъ навсегда спокойствіе.

Всякой человѣкъ вмѣстѣ съ жизнію получаетъ отвращеніе отъ зла и стремленіе къ добру. Но какъ дурные примѣры, или дурныя сообщества легко могутъ развратить того, кто еще не твердъ въ правилахъ добродѣтели: то въ семъ случаѣ всегда должно слѣдовать гласу совѣсти. Разумъ иногда можетъ заблуждаться, совѣсть — никогда. Она покажетъ намъ вѣрный путь къ избѣжанію сѣтей порока и доведетъ до истиннаго счастія. Въ какомъ бы состояніи человѣкъ ни былъ, но если совѣсть его неспокойна, если она упрекаетъ его: то онъ далекъ еще отъ счастія. Богатство, знатность, чины, словомъ — все это мнимое счастіе, когда не основано на спокойствіи совѣсти, въ самомъ дѣлѣ есть одна пріятная, ослѣпительная мечта. Непредвидимый случай вдругъ можетъ уничтожить этозыбкое, непрочное счастіе, — и тогда что останется въ отраду тому, кто его лишился? Тогда злополучіе его будетъ чрезмѣрно: онъ подвергнется грознымъ упрекамъ неумолимаго судіи своего — совѣсти, онъ станетъ раскаяваться, но уже поздно. И чѣмъ загладитъ онъ свои проступки, чѣмъ вознаградитъ несчастныя жертвы пагубныхъ страстей своихъ? Неумолимая совѣсть будетъ терзать его до гроба; воспоминаніе о немъ будетъ сопровождаемо презрѣніемъ и проклятіями ожесточенныхъ несчастливцевъ! — Но тотъ счастливый смертный, кто шуму большаго свѣта предпочитаетъ уединеніе, кто не гоняется за суетными почестями и призраками ложнаго счастія, кто живетъ сообразно своему состоянію, приноситъ возможную пользу Отечеству и ближнимъ, — тотъ останется непоколебимымъ; при всѣхъ ударахъ рока, при всѣхъ превратностяхъ жизни, совѣсть поддержитъ его въ бѣдствіяхъ, воодушевитъ его мужествомъ къ вѣрному исполненію обязанностей, и въ самомъ несчастіи будетъ услаждать его миромъ душевнымъ. — И такъ, прямое, истинное счастіе человѣка состоитъ единственно въ спокойствіи совѣсти. Она одна можетъ вполнѣ наградить мужа добродѣтельнаго, служить для него всегдашнею отрадою въ горестяхъ, или усугублять его земное счастіе и руководствовать къ чистѣйшему, небесному блаженству, какъ цѣли жизни нашей.

Спокойствіе совѣсти есть лучшее наше сокровище.

Совѣсть есть строгій, безпристрастный судія дѣлъ человѣка въ отношеніи къ законамъ, или, какъ нѣкоторые полагаютъ, она есть способность судить о нравственности нашихъ поступковъ.

Различныя дѣйствія совѣсти производятъ въ насъ радость и печаль, удовольствіе и отчаяніе, спокойствіе и раскаяніе. Никто не можетъ избѣгнуть ея правосудія, и хотя не рѣдко самолюбіе наше извиняетъ проступки, представляя ихъ или маловажными, или слагая всю вину на обстоятельства и невозможность; но гласъ совѣсти грозно произноситъ свой приговоръ и раждаетъ въ насъ тоску и сожалѣніе. Внутреннимъ безпокойствомъ и тайными угрызеніями мы повсюду платимъ дань сей добродѣтели, нами оскорбляемой. — Сіе-то показываетъ намъ, что спокойствіе совѣсти есть единственное благо, возможное въ здѣшней жизни.

Человѣкъ, поступающій вопреки внушеніямъ, совѣсти всюду бываетъ преслѣдуемъ какимъ-то ужасомъ. Тогда ничто не можетъ возвратить ему прежняго спокойствія; удовольствія теряютъ въ его глазахъ свою пріятность, разстроенное воображеніе безпрестанно его мучитъ, и воспоминаніе о прошедшемъ раждаетъ въ немъ боязнь и приводитъ его въ смущеніе.—Кажется, что все отказываетъ ему въ пріятномъ спокойствіи; самый сонъ, единственная отрада невиннаго страдальца, для него есть новый источникъ безпокойствъ и ужасовъ; воспоминаніе о преступленіи всюду его преслѣдуетъ, терзаетъ его сердце и заставляетъ весьма дорого платить за удовольствія, неодобряемыя строгою нравственностію.

Изъ сего должно заключить, что порокъ не есть физическое слѣдствіе нашего существа; ибо въ противномъ случаѣ, говоритъ Шатобріанъ, отъ чего же раждается то безпокойство, которое нарушаетъ счастіе нашихъ дней? И отъ чего сіи угрызенія столь жестоки, что не рѣдко человѣкъ отказывается отъ всѣхъ богатствъ и почестей, желая имѣть одно только спокойствіе совѣсти? Отъ чего взоръ убійцы дѣлается безпокоенъ, смутенъ; чувства противъ него вооружаются; тишина, уединеніе, мракъ, словомъ, все его устрашаетъ; смятеніе, недовѣрчивость, боязнь совершенно имъ овладѣваютъ, дѣлая его несчастнѣйшимъ существомъ.

Не рѣдко совѣсть умолкаетъ, будучи подавлена множествомъ пороковъ и заблужденій; но за то гораздо ужаснѣе терзаетъ человѣка при концѣ дней его; она возстаетъ и исходитъ изъ своего убѣжища и стрѣлами поздняго раскаянія и мучительныхъ укоризнъ поражаетъ виновнаго.— И такъ, кто усумнится въ сей истинѣ, что спокойствіе совѣсти есть лучшее наше сокровище?

Но для сохраненія спокойствія совѣсти, для всегдашняго обладанія симъ сокровищемъ, должно удаляться дурныхъ навыковъ и пороковъ, должно поставить себѣ непремѣннымъ закономъ правила добродѣтели, кои суть правила святой вѣры; въ противномъ случаѣ, мало по малу будетъ ослабѣвать чувство отвращенія къ пороку и сдѣлаетъ его намъ какъ бы природнымъ.

Вотъ сколь пагубно забвеніе о своей совѣсти! Ласкательства усыпляютъ совѣсть, а роскошь ослабляетъ ее и приводитъ какъ бы въ нѣкоторое бездѣйствіе.

Погибель неизбѣжна, если разсудокъ не пробудитъ совѣсти и если воспоминаніе о прошедшемъ не заставитъ насъ поступать такъ, чтобы совѣсть никогда не зазирала, но всегда одобряла.

О Чести.

Чувствованіе или побужденіе чести обнаруживается въ каждомъ человѣкѣ; оно изъ всѣхъ побужденій есть счастливѣйшее, когда управляется добродѣтелью. Для сердца добродѣтельнаго и просвѣщеннаго разума, нѣтъ ни одного пути столь славнаго, столь приличнаго, какъ путь чести и справедливости. Обогатить свѣтъ знаніями, распространить добродѣтель, содѣлать нравы любезнѣйшими и разумъ человѣческій способнѣйшимъ къ познанію истины: вотъ слава и подвиги достойнѣйшіе человѣка, идущаго симъ путемъ! — Но знаемъ ли мы всѣ правила чести? Знаемъ ли, чего она требуетъ отъ насъ? Разсмотримъ кратко, что служитъ ей основаніемъ, дабы мы могли дать отчетъ самимъ себѣ и увѣриться, кого можно назвать *истинно честнымъ человѣкомъ.*

Когда мы станемъ постоянно исполнять всѣ добродѣтели, тогда будемъ честны предъ Богомъ и людьми. Всякой истинный Христіанинъ исполняетъ добродѣтели; онъ Вѣру почитаетъ за главное правило своихъ поступковъ и никогда не отдаляется отъ ея предписаній. Что́ была бы въ самомъ дѣлѣ честность, если бъ она не утверждалась на Вѣрѣ? Что́ былъ бы тотъ честный человѣкъ, который жилъ бы по своему произволу и котораго бы дѣйствія не управлялись Вѣрою? Безъ сего, сколько бы нашлось такихъ случаевъ, въ коихъ самый честный человѣкъ предпочелъ бы собственныя свои выгоды выгодамъ ближнихъ, и чрезъ то нарушилъ бы правила чести.

Правосудіе есть главнѣйшее основаніе чести и оно должно быть соблюдаемо во всѣхъ дѣлахъ. Есть однакожъ случаи, въ коихъ правосудіе должно уступить милосердію; когда преступленіе можетъ быть удовлетворено, не прибѣгая къ правосудію: то сколь пріятно употребить снисхожденіе и единымъ милосердію возвратить виновнаго на путь истины. Сіе-то называется поступать по Христіански; ибо мы ежедневно видимъ, что самъ Богъ съ нами также поступаешь; а по сему *честный человѣкъ* можетъ въ нѣкоторыхъ случаяхъ смягчать законы правосудія, не нарушая справедливости.

Воздавать каждому его собственное есть необходимое правило, которое природа глубоко начертала въ сердцѣ истинно честнаго человѣка. Воспитаніе служитъ только къ показанію особенныхъ обязанностей, и къ открытію неудобностей, которыя непремѣнно послѣдовали бы отъ пренебреженія столь необходимаго правила, и если человѣкъ не истребилъ еще всѣхъ чувствованій честности и праводушія: то никогда не нарушитъ онаго, не возчувствовавъ угрызенія совѣсти. Сіе правило честности должно быть соблюдаемо во всѣхъ состояніяхъ и во всѣхъ обстоятельствахъ жизни нашей.

Правиломъ чести служить можетъ также *вѣрное исполненіе даннаго слова*. На семъ правилѣ основана общественная довѣренность. Если мы не сдержимъ даннаго слова: то нарушимъ общественныя права, причинимъ вредъ ближнему и заслужимъ презрѣніе честныхъ людей. Что́ мы сами подумаемъ о томъ человѣкѣ, который не исполняетъ своихъ обязательствъ, или который хочетъ избѣжать оныхъ подъ ложными отговорками, который предлагаетъ намъ свои услуги, а въ случаѣ нужды нашей отказываетъ въ помощи? Что́ подумаемъ о такомъ благодѣтелѣ, который насъ обнадеживаетъ своимъ покровительствомъ, и отказываетъ въ ономъ тогда, какъ собственная выгода, или другая какая причина къ тому принуждаетъ. Ропотъ, жалобы, презрѣніе бываютъ обыкновеннымъ слѣдствіемъ сихъ безчестныхъ поступковъ, а часто побуждаютъ и къ отмщенію. Честный человѣкъ, не обдумавъ прежде не обѣщается или не даетъ своего слова; но давши оное, иногда съ нарушеніемъ даже собственной пользы, сдерживаетъ въ точности. Для примѣра, которой могъ бы поучать насъ сохраненію во всей точности сего правила, мы видимъ въ Римской Исторіи великодушной поступокъ *Регула*. И Рускія Лѣтописи богаты примѣрами правоты и честности.

Скромность есть также похвальная и немаловажная добродѣтель для честнаго человѣка. Взаимная довѣренность есть самая крѣпкая цѣпь, связующая людей. Сіи-то сладостныя изліянія дружбы уменьшаютъ наши горести, водворяютъ спокойствіе въ душу, терзаемую бѣдствіями, даютъ новую дѣятельность и оживленіе удовольствіямъ счастія. Ничто не можетъ быть пріятнѣе, какъ сообщать другу свои мысли и чувствія. А посему должно остерегаться быть нескромнымъ или измѣнять тайнѣ, ввѣренной намъ другомъ; кто не исполняетъ сего, тотъ лишается имени честнаго человѣка, имени друга и общей довѣренности. Однакожъ бываютъ такія обстоятельства, когда тайны дѣлаются для насъ тяжкимъ бременемъ; есть страсти, которыя противъ воли нашей дѣлаютъ насъ нескромными. Если же долгомъ чести почитается хранить ввѣренную тайну: то благоразумнѣе не ввѣрять оной тѣмъ людямъ, коихъ честность еще не испытана. Сколько важныхъ предпріятій остается безъ исполненія, сколько непріятныхъ произшествій случается отъ нескромности тѣхъ, кои заклинали самихъ себя не открывать никому о своихъ намѣреніяхъ! И послѣ сего можемъ ли мы требовать, чтобъ другіе были скромнѣе насъ?

Есть еще многія добродѣтели, образующія характеръ честнаго человѣка. Между ними есть такая, о соблюденіи коей весьма не многіе заботятся: это *снисходительность къ погрѣшностямъ другихъ*. Сколь трудно для человѣка, исчисляющаго погрѣшности другаго, поступать самому такъ, чтобы ни въ чѣмъ не погрѣшить! Люди разсказывая другъ другу о какомъ нибудь поступкѣ, часто обвиняютъ ближняго своего въ преступленіи, совсѣмъ не похожемъ на сдѣланной имъ поступокъ, — и тогда противъ воли дѣлаются клеветниками. Шутка, насмѣшка, острое словцо, замысловатая выдумка, всегда посрамляютъ человѣка, который бываетъ предметомъ осмѣянія, — и чрезъ сіе-то болѣе всего нарушаютъ правила снисхожденія и чести. Во всякомъ случаѣ должно обуздывать языкъ свой и не обнаруживать проступковъ нашихъ собратій. Безчестно и даже безчеловѣчно забавляться поношеніемъ и осужденіемъ другихъ!

Счастливъ, стократно счастливъ, кто съ юныхъ лѣтъ посѣялъ въ сердцѣ своемъ сіи правила чести! Онъ по всей справедливости заслуживаетъ почтенное имя честнаго человѣка, заслуживаетъ быть всегдашнимъ примѣромъ, достойнымъ подражанія другихъ!

О Счастіи.

То земное благо, котораго всякой человѣкъ желаетъ достигнуть, обыкновенно называютъ счастіемъ. Но сіе благо не состоитъ, какъ многіе думаютъ, ни въ славѣ, ни въ знатности, ни въ богатствѣ; оно заключается только въ добродѣтели и спокойствіи совѣсти. Каждый человѣкъ можетъ наслаждаться симъ счастіемъ, если станетъ внимать гласу Природы и разума, и если будетъ ревностно исполнять обязанности къ Богу и ближнему. И можетъ ли быть истинное счастіе безъ исполненія сихъ священныхъ обязанностей? Тогда только всѣ помышленія человѣка будутъ стремиться къ добру, и всѣ его поступки будутъ добродѣтельны и честны. И такъ, одна добродѣтель составляетъ наше счастіе въ здѣшней жизни; она одна имѣетъ прочность и постоянство. Но ежели многіе подвергаются несчастіямъ: то сіе происходитъ отъ нихъ самихъ; ибо воля Создателя была та, чтобъ мы, наслаждаясь бытіемъ своимъ и дарами Природы, прославляли благость Творца и вкушали истинное счастіе.

Человѣкъ иногда нетерпѣливо стремится къ тому благу, которое въ первый разъ представилось ему въ самомъ блестящемъ видѣ; иногда скучаетъ постоянствомъ своего блага; иногда почитаетъ за благо какія-либо ничтожныя вещи; иногда мечтаетъ о предметахъ несбыточныхъ, надѣясь чрезъ нихъ достигнуть истиннаго блага, или счастія; — словомъ, безпрестанно колеблясь въ выборѣ, онъ желаетъ чего-то новаго, неизвѣстнаго, и каждое его желаніе сопровождается новыми прихотями. Но онъ могъ бы во всю жизнь наслаждаться истиннымъ счастіемъ, если бъ сохранялъ чистоту души своей и если бъ заблужденія не помрачали его разсудка. Счастливъ тотъ, въ комъ зрѣлость ума и твердость духа изгоняютъ вредныя, непостоянныя желанія; тогда обольстительныя мечты исчезаютъ, и опытъ, сей вѣрнѣйшій руководитель человѣка, научаетъ его познавать, сколь ложно и непостоянно то мнимое счастіе, коего онъ столь нетерпѣливо искалъ и желалъ получить!

Иногда человѣкъ предается величайшей печали, лишась своего друга или благодѣтеля, которые дѣлали жизнь его счастливѣйшею, которые доставляли ему способы наслаждаться бытіемъ своимъ. — Неумолимая смерть разлучила его съ сими любезнѣйшими существами; онъ осиротѣлъ и проводитъ въ горести остатокъ дней своихъ; онъ не находитъ уже ни въ чемъ утѣшенія, и почитаетъ себя несчастнѣйшимъ человѣкомъ въ свѣтѣ. Но должно ли роптать на Провидѣніе? Нѣтъ! Всѣ люди подвержены разнымъ испытаніямъ; всѣ болѣе или менѣе несутъ бремя несчастій. Надежда на Промыслъ, сія отрада несчастныхъ, подкрѣпляетъ ихъ, подавая вѣрныя средства къ преодолѣнію земныхъ горестей.

Счастливъ тотъ человѣкъ, который ни одного страждущаго, или нуждающагося въ его помощи, не отвергалъ съ презрѣніемъ. Всякой утѣшитель и благотворитель несчастныхъ можетъ назваться счастливымъ; ибо единственный источникъ счастія — добродѣтель. Она готовитъ ему неувядаемый вѣнецъ за всѣ его заслуги въ будущей жизни. Счастливъ и тотъ, кто бывши ревностнымъ гражданиномъ, увѣнчалъ добродѣтельную жизнь свою смертію за отечество; и его ожидаетъ награда въ вѣчности. И такъ, желаніе наслаждаться счастіемъ и стремленіе всѣми возможными способами устроить оное, должны проистекать изъ любви къ Богу и ближнему. Вотъ два надежнѣйшія и крѣпчайшія основанія, на коихъ сооружается истинное счастіе наше! Всѣ дѣянія наши должны быть располагаемы такимъ образомъ, чтобъ мы никогда не теряли изъ виду ихъ основаній, и почитали оныя за главнѣйшую цѣль всѣхъ своихъ намѣреній и поступковъ.

Хорошее воспитаніе имѣетъ цѣлію счастіе.

Всѣ желанія или главная цѣль людей состоитъ въ томъ, чтобъ быть счастливыми. Къ этой цѣли человѣкъ стремится отъ самаго младенчества, когда еще не понимаетъ ни самаго себя, ни истиннаго счастія; словомъ: всѣ ищутъ счастія, но, къ сожалѣнію, не всегда и не многіе его находятъ. Какая жь этому причина? Вѣроятно сами люди. Они избираютъ такія средства, которыя только затрудняютъ и заграждаютъ путь къ истинному счастію. Многіе думаютъ найти его въ блескѣ сокровищъ и спѣшатъ собирать ихъ; но алчныя, завистливыя желанія ихъ остаются еще не удовлетворенными, и среди безпрерывныхъ заботъ постигаетъ ихъ неумолимая смерть; богатства ихъ или расточаются наслѣдниками, или для нихъ же бываютъ предметомъ вѣчной вражды. Другіе ищутъ счастія въ честолюбіи, столь же ненасытномъ и мучительномъ, какъ и корыстолюбіе; иные поставляютъ его въ чувственныхъ удовольствіяхъ; но ето мнимое, быстротечное блаженство водворяетъ пустоту и раскаяніе въ ихъ сердце, а вмѣстѣ съ тѣмъ новую жажду наслажденій. И такъ, какими же средствами можемъ мы находить вѣрнѣйшій и удобнѣйшій путь къ истинному счастію? Просвѣщеніемъ ума и образованіемъ сердца, словомъ: *нравственно-добрымъ воспитаніемъ*.

Нѣтъ человѣка, которой бы раждался уже добродѣтельнымъ, просвѣщеннымъ и счастливымъ. Природа, произведя человѣка, даруетъ ему, кажется, только жизнь и силу дѣйствовать, но воспитать его предоставляетъ попечительности родителей, или благоразумію наставниковъ; а далѣе — времени и собственнымъ его опытамъ. — Добрыя, или худыя сѣмена, посѣянныя на лонѣ юнаго сердца, производятъ добрые или худые плоды. — Качества души его происходятъ отъ первыхъ впечатлѣній, отъ первыхъ чувствованій и понятій, кои ему внушаютъ, отъ представляемыхъ ему примѣровъ; словомъ отъ *воспитанія*. — Счастливы, стократно счастливы тѣ дѣти, коимъ Провидѣніе даровало благомыслящихъ родителей, усердно споспѣшествующихъ воспитанію и просвѣщенію дѣтей своихъ. Чадолюбивые родители отвращаютъ ихъ отъ наклонностей къ злу и пороку; ихъ сердце напояютъ добрыми примѣрами; стараются внушить имъ съ юныхъ лѣтъ благочестіе, какъ основаніе всѣхъ добродѣтелей; потомъ пріучаютъ ихъ къ послушанію и покорности, къ трудолюбію и справедливости. Не однѣ достоинства, не однѣ доблести, не чины, не богатства оставятъ они въ наслѣдіе своимъ дѣтямъ; но доброе воспитаніе, добрые и нравы и благословеніе Небесное, какъ награду,—оставятъ имъ нетлѣнное сокровище—истинное счастіе. Какія земныя сокровища могутъ сравниться съ симъ неоцѣненнымъ, спасительнымъ наслѣдіемъ? Оно перейдетъ изъ рода въ родъ, и потомки съ умиленіемъ и благодарностію благословятъ своихъ родоначальниковъ. Такъ! Доброе воспитаніе есть главнѣйшая основа не только временнаго, но и вѣчнаго блаженства людей, не только семейственнаго, но и общественнаго благоденствія, не только внѣшняго, но и внутренняго счастія.—Отъ воспитанія зависитъ благосостояніе Государствъ, судьба цѣлыхъ народовъ и жребій семействъ. Законодатели всѣхъ вѣковъ и всѣхъ племенъ обращали на сей предметъ особенное вниманіе. При всеобщемъ невѣжествѣ среднихъ вѣковъ были однакожъ благомыслящіе мужи, заботившіеся о воспитаніи и наученіи юношества.—Китайцы главнѣйшимъ предметомъ ученія и мудрости почитаютъ воспитаніе дѣтей, какъ будущихъ Гражданъ своихъ. Они утверждаютъ, что хотя разумъ и дарованъ Небомъ человѣку; но что сей даръ должно усовершенствовать.—Сколь бы славно и могущественно ни казалось какое-либо Государство; но если граждане онаго не радятъ о воспитаніи дѣтей своихъ: то можно предполагать съ достовѣрностію, что оно скоро падетъ и блескъ славы его изчезнетъ. Не хорошее ли воспитаніе образуетъ въ человѣкѣ характеръ и укорѣняетъ добрыя наклонности? Не оно ли возвышаетъ и наполняетъ сердце человѣка высокими, благородными и нѣжными чувствованіями? Не оно ли возбуждаетъ въ насъ любовь къ отечеству и великодушное рвеніе къ прохожденію разныхъ должностей, возлагаемыхъ на насъ обществомъ? Не оно ли научаетъ насъ, чтобы мы, наслаждаясь собственнымъ счастіемъ, могли быть полезны и для блага общаго? И человѣкъ, получившій хорошее воспитаніе и оправдавшій оное хорошею жизнію, не есть ли уже любимецъ счастія? Сама Природа, кажется, лелѣетъ его, какъ милое дитя свое; Небо благословляетъ его счастіемъ и радостями! Сколь спасительны плоды хорошаго воспитанія, столь напротивъ пагубно небреженіе о немъ. Отсюда-то происходятъ всѣ бѣдствія человѣчества! Изъ сего зловреднаго источника истекаютъ и пороки, и злодѣянія, и предразсудки, и суевѣрія, и заблужденія! Не возможно безъ сожалѣнія смотрѣть на человѣка, неполучившаго хорошаго воспитанія. Онъ остается во всю жизнь въ невѣжествѣ, и по сему часто бываетъ не только безполезнымъ, но даже и вреднымъ членомъ общества; онъ едва ли имѣетъ малѣйшія понятія о правилахъ чести, добродѣтели, о священнѣйшихъ обязанностяхъ къ Богу, ближнему и самому себѣ, особенно, когда сердце его отъ природы грубо и дурно, когда душа его болѣе наклонна къ пороку, чѣмъ къ добродѣтели.

Въ столь жалкомъ положеніи могутъ ли они быть спокойными, могутъ ли вкушать чистѣйшія удовольствія, могутъ ли назваться истинно счастливыми?

И такъ, единымъ и главнымъ средствомъ къ достиженію счастія, безъ всякаго сомнѣнія, можно почитать *основанное на Святой Вѣрѣ воспитаніе, которое всегда имѣетъ цѣлію истинное счастіе людей.*

Просвѣщеніе необходимо для людей всякаго состоянія.

Человѣкъ преимущественно предъ всѣми животными одаренъ разумомъ, симъ неоцѣненнымъ сокровищемъ, посредствомъ коего онъ познаетъ Высочайшаго Творца своего, природу и самаго себя. И такъ, долженъ-ли онъ оставлять сіе сокровище безъ всякаго вниманія и усовершенствованія? Тогда разумъ его можно было бы уподобить слитку золота, коему художникъ не далъ еще надлежащей формы.

Чтобы умѣть пользоваться симъ ввѣреннымъ отъ Промысла талантомъ и узнать всю го цѣну, человѣкъ долженъ просвѣщать свой разумъ науками.

Просвѣщеніе есть главнѣйшая основа народнаго благосостоянія. Польза его доказана и доказывается безчисленными примѣрами: оно смягчаетъ нравы, распространяетъ понятія, доставляетъ безчисленныя выгоды въ жизни общественной и семейственной, украшаетъ людей въ каждомъ состоянiи, составляетъ истинную славу Царствъ и народовъ.

И такъ, чтобы заслужить имя просвѣщеннаго человѣка, для сего необходимо нужно озарить умъ свой науками, сообразными тому состоянiю и званiю, въ коемъ кто поставленъ Провидѣнiемъ. Разсмотримъ, сколь нужно просвѣщенiе для каждаго человѣка и какое оно имѣетъ влiянiе на благоденствiе Государствъ.

Мужи, посвятившiе себя наукамъ, приносятъ ощутительную пользу согражданамъ и отечеству воспитанiемъ и наученiемъ юношества, важнѣйшими открытiями, изобрѣтенiями, — словомъ: усовершенствованiемъ всѣхъ, какъ нравственныхъ, такъ и физическихъ занятiй человѣческихъ. Торгующiй классъ людей, или купцы, имѣя хотя необходимыя для коммерцiи познанiя, улучшаютъ фабрики и мануфактуры, вводятъ новыя машины, вступаютъ въ торговыя сношенiя съ иностранными Государствами, а превосходя ихъ въ мануфактурныхъ произведенiяхъ, отправляютъ туда свои товары и чрезъ сiе получая себѣ выгоды, обогащаютъ и прославляютъ свое Отечество. Художникъ, или простой ремесленникъ, имѣя необходимыя для художества или ремесла своего свѣдѣнiя, время отъ времени доводитъ оныя до желаемаго совершенства, изобрѣтаетъ легчайшiе способы для производства своихъ работъ, и прiобрѣшая такимъ образомъ новыя, полезнѣйшiя свѣдѣнiя, становится отличнѣйшимъ художникомъ. Земледѣлецъ, съ достаточными познаніями о сельскомъ хозяйствѣ и другихъ, относящихся къ оному предметахъ, старается улучшить всѣ отрасли своего полезнаго занятія, испытываетъ лучшіе способы обработыванія земли и ея произведеній, употребляетъ новыя машины для облегченія трудовъ своихъ — и щедро награжденный благодѣтельною природой за прилежаніе свое, онъ доставляетъ согражданамъ обработанныя имъ произведенія земли въ большемъ количествѣ и въ лучшемъ видѣ.

При таковомъ распространеніи просвѣщенія въ разныхъ классахъ народа, промышленность мануфактурная, торговля земледѣльческая и художественная приходятъ въ цвѣтущее состояніе, а чрезъ сіе самое, и Государство дѣлается богатымъ и могущественнымъ. Вотъ польза просвѣщенія и изъ сего же источника проистекающее благосостояніе Государствъ, — вотъ тѣ выгоды, которыя получаютъ люди чрезъ образованіе, необходимое и приличное состоянію каждаго! — Говорить ли объ удовольствіяхъ, доставляемыхъ просвѣщеніемъ? Онѣ столь ощутительны, столь сладостны и чисты, что не требуютъ ни доказательствъ, ни приманчивыхъ описаній; ихъ понимаетъ душа и сердце всякаго просвѣщеннаго человѣка.

Впрочемъ при всѣхъ познаніяхъ, свойственныхъ каждому классу людей, не безполезно заниматься и другими науками; ибо чѣмъ болѣе люди въ нихъ упражняются, тѣмъ болѣе пріобрѣтаютъ новыхъ познаній, тѣмъ болѣе совершенствуются; тогда-то открываются въ нихъ новыя способности, являются отличные писатели, а съ умноженіемъ просвѣщенныхъ людей самыя науки, искусства и художества получаютъ лучшее преобразованіе и успѣшнѣйшій ходъ.

Но къ сожалѣнію, должно сказать, что есть еще и нынѣ нѣкоторыя заблужденія, или предразсудки, препятствующіе распространенію просвѣщенія; есть еще много такихъ людей, которые имѣя всѣ способы къ образованію себя науками, отвергаютъ оные и даже пренебрегаютъ ими. Можно надѣяться, что болѣе и болѣе разливающійся свѣтъ просвѣщенія озаритъ помраченные умы невѣждъ, и разсѣетъ закоренѣлыя заблужденія и предразсудки.

О благотворительности.

Le plus beau droit des vertus malheureuses,
Est la faveur des âmes généreuses. —

I. B. Rousseau.

Благотворительность есть одна изъ главнѣйшихъ добродѣтелей человѣка; она есть постоянная любовь къ ближнимъ, внушающая намъ заботливость о ихъ счастіи, потому что мы, въ обществѣ подобныхъ намъ людей, сами составляемъ часть цѣлаго, и должны дѣлить съ ними счастіе и несчастіе. Благотворить свойственно душамъ благороднымъ, нѣжнымъ и сострадательнымъ.

Если мы по закону Хрістіанскому должны благотворить даже и врагамъ своимъ: то болѣе еще обязаны дѣлать добро тѣмъ, отъ коихъ не получили никакой обиды. Благотворительность въ одно время доставляетъ сладчайшее удовольствіе и пріемлющему и творящему добро.

Пусть души чувствительныя, кои привыкли исполнять сію священную обязанность, кои, имѣя непрестанное попеченіе о бѣдственной участи себѣ подобныхъ, усердствуютъ имъ вспомоществованіями и смягчаютъ, сколько отъ нихъ зависитъ, суровость ихъ жребія, — пусть они опишутъ сладостное удовольствіе, ощущаемое ими въ минуты благотворенія! Пусть благотворители изобразятъ намъ свое безпокойство, когда, обращая взоры на страждущее человѣчество, не находятъ средствъ къ удовлетворенію своей благородной страсти!

Все, носящее на себѣ видъ несчастія и бѣдности, имѣетъ право на состраданіе души истинно чувствительной; она не гнушается ни рубищами убогихъ, ни язвами недужныхъ. Но есть и такіе люди, кои, оказавъ благотвореніе, скрываются отъ взоровъ несчастнаго; такіе благотворители болѣе еще усугубляютъ цѣну своего подвига; ибо рѣдкія души могутъ жертвовать скромностію самолюбію, сей страсти, заставляющей человѣка превозноситься добрыми своими дѣлами.

Но къ стыду человѣчества, есть и такіе люди, которые или унижаютъ корыстными видами сію прекрасную добродѣтель, или съ холодностію и презрѣніемъ взираютъ на страждущихъ собратій; сіи временные счастливцы не вѣдаютъ надлежащаго употребленія своихъ богатствъ. —

Жестокія души! Вы почитаете для себя униженіемъ даже разговоръ съ бѣднымъ; вы не хотите слушать его жалобный вопль; вы не знаете, или не хотите знать благороднѣйшаго наслажденія — благотворить ближнимъ! —

Счастливъ, стократно счастливъ нѣжнѣйшій другъ человѣчества — благодѣтель несчастныхъ и сирыхъ! — Богъ и совѣсть — его награда; онъ увѣренъ, что

  Почувствовать добра пріятство —
  Такое для души богатство,
  Какого Крезъ не собиралъ! —

О любви къ Отечеству.

Кто не испыталъ нѣжнаго чувства, влекущаго человѣка къ мѣсту его рожденія!...

  И птица по гнѣздѣ родимомъ воздыхаетъ!
  Со вздохомъ отъ него невольно отлетаетъ,
  Когда охотника жестокая рука
  Тревожитъ мирное лѣсовъ уединенье!...

Если и животныя безсловесныя любятъ мѣсто своего рожденія: то какъ пламенно долженъ любить его человѣкъ, разумное твореніе?... Такъ! онъ долженъ любить Отечество, и для блага его не щадить ничего, даже собственной жизни.

Изобрѣсти полезное и совершить великое можетъ только одна любовь къ Отечеству. Сія-то страсть благороднѣйшая, мать героевъ, блюстительница Царствъ, крѣпкая защитница народовъ — она-то источникъ безсмертныхъ дѣяній, восхищающихъ умы и сердца всѣхъ племенъ! — Тщетно нѣкоторые желали содѣлать весь родъ человѣческій членами одного семейства — законы природы остались непремѣнными!... Какъ могли вообразить сіи ложные мудрователи, что не будучи истиннымъ сыномъ Отечества, возможно быть добрымъ гражданиномъ міра? Какъ они могли представить, что не любя согражданъ, своихъ кровныхъ, можно любить чуждыхъ намъ людей? Но заблужденіе — есть удѣлъ смертнаго! —

Дѣеписанія всѣхъ вѣковъ и народовъ свидѣтельствуютъ, что со времени учрежденія политическихъ обществъ водворилась между согражданами любовь къ Отечеству; и еще болѣе тогда, когда они узнали, что могущество, слава и благоденствіе ихъ — суть плоды патріотизма.

Въ отдаленныя времена Древности Греки и Римляне отличались патріотическимъ духомъ отъ всѣхъ прочихъ народовъ. Отечество возбуждало изступленіе храбрости въ воинахъ, одушевляло ораторовъ и воспламеняло поэтовъ; оно было ихъ божествомъ.

Поднимемъ завѣсу Древности, и — Леонидъ, Кодръ, Горацій-Коклесъ, Муцій-Сцевола, Сципіонъ — представятся взорамъ нашимъ; они и донынѣ служатъ образцами для Патріотовъ.

Но мы не завидуемъ Грекамъ и Римлянамъ; — Отечество наше имѣетъ: *Задунайскихъ, Таврическихъ, Рымникскихъ, Смоленскихъ*.

Переселимся мысленно на Куликово поле: тамъ увидимъ Димитрія-Донскаго, въ бѣдствіяхъ твердаго, въ битвахъ неустрашимаго; сокрушаясь объ Отечествѣ, порабощенномъ игу Татарскому, онъ рѣшился испытать силы свои противъ несмѣтнаго воинства Мамаева. »*Славная смерть лучше постыдной жизни!*« — Такъ говорилъ Герой-побѣдоносецъ дружинѣ своей.

Пойдемъ на Нижегородскую площадь: Сухорукій и Пожарскій представятся взорамъ нашимъ; первый — собираетъ казну, другой — устрояетъ войско; они спасли Отечество наше отъ конечной погибели. Можетъ быть, сіи мѣста, гдѣ нынѣ возвышается и красуется матерь градовъ Россійскихъ, великая Москва, обратились бы въ пустыню... Горестное и вмѣстѣ сладостное воспоминаніе!...

Но Москва обязана Минину и Пожарскому бытіемъ своимъ; ихъ имена вмѣстѣ съ именемъ Палицына дотолѣ останутся незабвенны, доколѣ будетъ существовать Россія!

Давно ли честолюбецъ Наполеонъ съ несмѣтными полчищами впоргался въ предѣлы нашего Отечества, мечтая покорить его? Но Русскіе ополчились за свою родину, и за гробы праотцевъ. Они сражались и умирали у преддверія святыхъ храмовъ; они не давали на поруганіе святыни, которую почитаютъ и хранятъ болѣе своей жизни. — И гдѣ же полчища Наполеоновы? Они погибли въ нѣдрахъ нашего Отечества, и Россія снова возстала съ прежнимъ могуществомъ и славою!...

Такова истинная любовь къ Отечеству и таковы ея чудесныя дѣйствія!

Разсужденіе о томъ, что знаніе отечественной Исторіи и Словесности необходимо для каждаго благовоспитаннаго человѣка. *

Благосклонное присутствіе Ваше, какъ свидѣтелей и судей успѣховъ нашихъ въ наукахъ, питаетъ насъ сладчайшею надеждою, что мы будемъ удостоены Вашего вниманія, и по мѣрѣ силъ и способностей своихъ, услышимъ одобреніе и поощреніе къ дальнѣйшимъ успѣхамъ. — Такъ, П. П.! одно только вниманіе и участіе просвѣщенныхъ мужей придаетъ юнымъ питомцамъ Музъ новыя силы и усугубляетъ въ нихъ охоту къ ученію. Справедливо сравниваютъ молодыхъ людей съ юными растѣніями: какъ благотворныя росы, дожди и неослабный присмотръ вертоградаря способствуютъ произрастѣнію и созрѣванію послѣднихъ, такъ снисходительное вниманіе и отеческая заботливость любителей просвѣщенія раскрываютъ, укрѣпляютъ и совершенствуютъ дарованія первыхъ. — Вянутъ и сохнутъ юныя растѣнія, неорошаемыя питательною для нихъ влагою и лишенныя присмотра; коснѣютъ на пути къ совершенству,

---

* Читано на публичномъ испытаніи Іюня 30 дня 1825 года.

а часто и гибнутъ преждевременно юныя дарованія, лишенныя покровительства, ободренія, или встрѣчающія повсюду холодное равнодушіе.... Но находя здѣсь, въ семъ вертоградѣ наукъ, столь многихъ Любителей и Покровителей просвѣщенія, собравшихся нынѣ раздѣлить съ нами общее торжество и видѣть плоды годичныхъ трудовъ и упражненій нашихъ, дерзнемъ ли мы сомнѣваться, П. П.! въ Вашемъ вниманіи, покровительствѣ и любви къ просвѣщенію; дерзнемъ ли сомнѣваться въ Вашей снисходительности къ дарованіямъ и успѣхамъ образующагося здѣсь юношества? — Предаваясь вполнѣ симъ утѣшительнымъ чувствамъ, и испрашивая благосклоннаго вниманія Вашего, П. П.! я осмѣливаюсь сказать нѣсколько словъ о томъ, что: *знаніе отечественной Исторіи и Словесности необходимо для каждаго благовоспитаннаго человѣка.* Избранный мною предметъ для разсужденія конечно не чуждъ Вамъ, П. П.! и я тѣмъ менѣе могу подвергнуться какому-либо сужденію, чѣмъ болѣе увѣренъ въ томъ, что имѣю счастіе излагать свои мысли предъ такими Слушателями, коимъ давно уже извѣстна сказанная истина и, къ славѣ Отечества, оправдана отличнѣйшими изъ нашихъ Писателей.

Начало Исторіи, какъ и многихъ другихъ наукъ, теряется въ отдаленной Древности. Всѣ почти народы въ изустныхъ сказаніяхъ передавали современникамъ и потомству дѣянія знаменитыхъ мужей и достопамятныя произшествія своего края. Краснорѣчивый видъ развалинъ, высокій курганъ среди пространнаго поля, пробуждали минувшее въ памяти старца, и пылкій юноша съ жадностію слушалъ его разсказы. Но когда стало извѣстно драгоцѣнное изобрѣтеніе искусства писать буквами: тогда появились Историки, которые, собравъ изустныя преданія, очистивъ ихъ отъ нелѣпостей строгою критикою, и описавъ съ надлежащею точностію произшествія, составили цѣлыя книги. Греція и Римъ, сіи просвѣщенныя державы древняго міра, болѣе другихъ прославились своими Историками. Греки любили Исторію, и на торжественныхъ играхъ Олимпійскихъ народъ безмолвствовалъ предъ славнымъ Геродотомъ, читавшимъ свои творенія. Греція имѣла и другихъ Историковъ, коихъ сочиненія сохранились до нашихъ временъ. Римъ гордился Ливіемъ, Саллюстіемъ, Непотомъ, Тацитомъ.

Исторія издревле преподавалась въ учебныхъ заведеніяхъ и была почитаема за науку необходимую. Безсмертный Цицеронъ незнавшаго Исторіи уподобляетъ ребенку, и онъ же назвалъ Исторію: *свѣтильникомъ истины и наставницею жизни.* Въ наше время она составляетъ также важный предметъ ученія, и всѣ просвѣщенные народы рачительно занимаются ею.

Любознательность есть врожденная страсть людей; оно увеличивается вмѣстѣ съ просвѣщеніемъ. По чудесной разнообразности предметовъ и по ихъ взаимному отношенію и занимательности, знаніе Исторіи есть способнѣйшее для удовлетворенія нашего любопытства. Начало, цвѣтущее состояніе и паденіе государствъ; законы, образъ правленія и нравы народовъ; возрожденіе, успѣхи и благотворныя дѣйствія наукъ и искусствъ — сколько предметовъ, могущихъ образовать умъ, обогатить память, украсить сердце! Но для одного ли любопытства должно знать Исторію? «Отъ престола Царей, говоритъ Аббатъ » Милотъ, до философскаго уединенія, нѣтъ ни одного » состоянія, которое, болѣе или менѣе, не могло бы вос- » пользоваться пособіями Исторіи.» — Она учитъ Государей царствовать, народы повиноваться; и всѣхъ людей жить. Это неизчерпаемый источникъ полезнѣйшихъ правилъ и наставленій! Царямъ, Вельможамъ и другимъ Государственнымъ людямъ знаніе Исторіи необходимо: *они смотрятъ на листы ея, какъ мореплаватели на чертежи морей* [*], и достигаютъ вѣрно назначенной цѣли. Сравнивая прошедшее съ настоящимъ, они угадываютъ тайну будущаго, и сообразно съ симъ располагаютъ дѣла свои.

Исторія должна представлять добродѣтель во всемъ ея блескѣ, а порокъ во всей его гнусности; ибо потомство есть судія безпристрастный. Тиранство и жестокости Тиверія, Нерона, Калигулы заставляютъ содрогаться. Преступные замыслы Катилины возбуждаютъ негодованіе противъ сего изверга. А добродѣтели Эпаминонда, Сципіона, Тита, Марка Аврелія, Траяна, Генриха IV, Петра I и другихъ имъ подобныхъ, къ ихъ памяти внушаютъ удивленіе, любовь и благоговѣніе.

---

[*] Россійск. Исторіи Карамзина. томъ I. Введеніе.

Всѣ великіе люди, подвизающіеся на гражданскомъ и военномъ поприщахъ, избираютъ себѣ въ примѣръ и подражаніе лица историческія. Такъ Александръ Великій избралъ для себя образцемъ Ахилла, главнаго героя Гомеровой Иліады; такъ сѣверный Александръ, воинственный Карлъ XII, слѣдовалъ по стопамъ героя Македонскаго, и для того читалъ исторію его подвиговъ, описанныхъ Квинтомъ Курціемъ. Безсмертный нашъ Суворовъ любилъ читать жизнеописанія знаменитыхъ Полководцевъ, составленныя Корнеліемъ Непотомъ, и записки Юлія Цезаря; Кутузовъ-Смоленскій, слѣдуя правиламъ Фабія Меблизеля, спасъ въ наше время Россію и приготовилъ къ паденію воздвигнутый на трупахъ безчисленныхъ жертвъ престолъ ненасытнаго Корсиканца. — Исторія сохраняетъ также имена друзей человѣчества мирныхъ Героевъ. Таковы были Меценаты, Сюлліи, Колберты; таковы были и въ нашемъ Отечествѣ Ртищевы, Шуваловы, Бецкіе, Демидовы, Голицыны и многіе другіе, намъ современные.

Простой гражданинъ, усматривая изъ Исторіи, что во всякое время и вездѣ несчастія посѣщали родъ человѣческій, пріучается терпѣливо сносить бѣдствія своего времени и утѣшается мыслію, что нѣкогда были времена еще несчастнѣйшія. Исторія удостовѣряетъ его, что всѣ событія въ мірѣ происходятъ отъ воли Промысла, Которому мы должны смиренно покоряться. Человѣкъ родится для общества, и долженъ имѣть до конца своей жизни связь съ людьми, а потому обязанъ знать ихъ. Сіе важное знаніе пріобрѣтается опытомъ труднымъ, продолжительнымъ и часто гибельнымъ; но Исторія облегчаетъ сіи трудности. Въ ней-то мы находимъ благодѣтельное руководство къ познанію людей, руководство, безъ котораго мы совратились бы съ пути истиннаго въ бурномъ океанѣ жизни, какъ мореходцы безъ компаса.

Вотъ главнѣйшія выгоды, происходящія отъ знанія Исторіи вообще!

Но Исторія отечественная есть достойнѣйшій предметъ изученія для всякаго просвѣщеннаго Патріота. Если намъ пріятна Исторія народовъ древнихъ и чуждыхъ, если повѣствованія о великихъ мужахъ и герояхъ иноплеменныхъ восхищаютъ насъ: то что же должно сказать объ Исторіи собственнаго нашего Отечества? Ето картина одного семейства, въ лицахъ которой каждый изъ насъ думаетъ видѣть своихъ предковъ. Кто изъ Рускихъ не возвысится духомъ при чтеніи повѣствованій о Вѣнценосцахъ нашихъ: Святой и мудрой Ольгѣ, Владимірѣ Великомъ, озарившемъ Россію свѣтомъ Хрістіанскаго ученія, о безпримѣрномъ въ доблестяхъ родителѣ его Святославѣ, о мудрыхъ законодателяхъ: Ярославѣ, Владимірѣ Мономахѣ, о Монархахъ Герояхъ: Александрѣ Невскомъ, Димитріи Донскомъ, Іоаннахъ III и IV, Алексіѣ, безсмертномъ Петрѣ, Екатеринѣ II и подвигахъ Миротворца АЛЕКСАНДРА, еще въ свѣжей памяти находящихся у всѣхъ народовъ? Гермогенъ, Филаретъ, Пожарскій, Сухорукій, Сусанинъ, Долгорукій, Шереметевъ, Румянцевъ, Потемкинъ, Суворовъ и Кутузовъ сильнѣе дѣйствуютъ на наше сердце, нежели Сцеволы, Гораціи, Камиллы, Сципіоны, Аннибалы; — дѣйствуютъ сильнѣе, потому что они ближе къ сердцу нашему, потому что они родные наши — они Рускіе!

Знаніе отечественной Словесности есть также необходимый предметъ для всякаго благовоспитаннаго человѣка. Что̀ можетъ быть хуже небреженія о языкѣ той страны, гдѣ получили мы бытіе; о языкѣ тѣхъ людей, съ которыми должны проводить всю жизнь свою? Во всякомъ состояніи отечественная Словесность необходима, и въ службѣ Государственной, и въ жизни частной. Языкъ есть вѣрное знаменіе величія и славы народовъ. Исторія представляетъ намъ довольно примѣровъ необоримой силы Красноpѣчія: Тиртей вселяетъ мужество въ отчаявающихся Спартанцевъ; Демосѳенъ, гремя на каѳедрѣ, останавливаетъ на нѣкоторое время успѣхи завоеваній честолюбиваго Филиппа и коварные его замыслы противъ Аѳинянъ; нашъ Герой Святославъ краткою, но сильною рѣчью воспламеняетъ сердца̀ воиновъ, и они охотно жертвуютъ для него своею жизнію. — Однимъ словомъ: Красноpѣчіе совершенствуетъ, украшаетъ умъ, смягчаетъ сердце, возбуждаетъ высокія, благородныя чувства! Хотя Словесность наша и не можетъ совершенно равняться въ образованіи съ Словесностію нѣкоторыхъ Европейскихъ народовъ; но сіе не должно охлаждать въ насъ желанія и охоты къ занятіямъ на семъ поприщѣ. — Европа знаетъ, что тягостное иго Татаръ, которое несли предки наши въ теченіе двухъ столѣтій, замедлило успѣхи потомковъ въ просвѣщеніи.

Но, при возсіявшей зарѣ просвѣщенія, всѣмъ извѣстно, съ какою быстротою языкъ нашъ въ самое короткое время достигъ значительной степени совершенства. Великій Ломоносовъ, давъ образъ и правильность языку Рускому, отдѣлилъ оный отъ Славянскаго и показалъ путь достойнымъ своимъ послѣдователямъ: Сумарокову, Хераскову, Петрову, Державину и другимъ. Теперь мы имѣемъ уже довольно отличныхъ Писателей въ разныхъ родахъ, и самые иностранцы отдаютъ намъ во многомъ справедливость.

И такъ, безъ сомнѣнія, Вы согласитесь, П. П.! что между прочими науками Отечественная Исторія и Словесность для всякаго просвѣщеннаго Россіянина весьма необходимы. Не зная Исторіи и Словесности, онъ будетъ странникомъ въ своемъ Отечествѣ, гдѣ всѣ предметы, насъ окружающіе, столь краснорѣчиво напоминаютъ намъ о прошедшемъ. Кто безъ особеннаго чувства можетъ видѣть стѣны Кремля, Куликово поле и многія мѣста въ Отечествѣ нашемъ, ознаменованныя великими событіями? — Иностранцы удивляются произведеніямъ нашихъ соотечественниковъ; кто же изъ Рускихъ не захочетъ знать ихъ? — Справедливо сказалъ одинъ изъ нашихъ Писателей:

„Любить Отечество велитъ природа, Богъ;
„А знать его — вотъ честь, достоинство и долгъ!"—

Любезные товарищи! Мы еще не принесли достойныхъ жертвъ на алтарь Отечества, — еще ничѣмъ не запечатлѣли и не доказали своей пламенной любви, своей безпредѣльной благодарности за тѣ блага, коими наслаждаемся въ родномъ краю; — мы еще, естьли можно сказать, въ долгу предъ Отечествомъ!.... О да настанетъ нѣкогда для насъ то вожделѣнное время, когда кончивъ образованіе свое въ семъ благодѣтельномъ заведеніи, мы возможемъ вполнѣ возблагодарить и принести достойныя жертвы ревностнымъ исполненіемъ своихъ должностей и обязанностей въ обществѣ, добрымъ поведеніемъ и чистою нравственностію, — за тѣ неоцѣненныя блага, коихъ были участниками, находясь подъ кровомъ человѣколюбивѣйшія Монархини, Государыни Императрицы МАРІИ ѲЕОДОРОВНЫ, Высокой Покровительницы сего Училища, — за тѣ нѣжнѣйшія попеченія, кои прилагали о насъ Почтеннѣйшіе Члены и Благотворители сего заведенія, — словомъ за то вниманіе, за тѣ ревностные труды нашего Начальства и наставниковъ, кои употребляютъ они для образованія юныхъ умовъ и сердецъ ввѣреннаго имъ юношества!.... О! да настанетъ нѣкогда то время, когда каждый изъ насъ, любезные товарищи, безъ упрековъ совѣсти, чистосердечно и незазорно, — съ пламенною готовностію посвятить себя на служеніе Царю, Отечеству и ближнимъ, возможетъ произнести и запечатлѣть навсегда сей обѣтъ во глубинѣ души своей:

„Клянусь Отечеству быть вѣрнымъ гражданиномъ,
„И жить, и умереть — его достойнымъ сыномъ!"—

Разсужденіе о томъ, что можетъ возбуждать и питать въ согражданахъ чувство Патріотизма (*).

»Нѣтъ ничего приличнѣе гражданину, какъ любопытное вниманіе къ славнымъ происшествіямъ, къ древностямъ, къ мѣстнымъ обстоятельствамъ и обыкновеніямъ своего Отечества. Не знать сихъ особенностей народныхъ, которыя отличаютъ одну землю отъ другой, есть то же, что быть иностранцомъ (**)«......

Заключая нынѣ поприще годичныхъ нашихъ упражненій, мы, съ утѣшительною надеждою, представляемъ вниманію Вашему плоды трудовъ своихъ. Ваше одобреніе, ваша снисходительность будутъ для насъ и лестнѣйшею наградою за труды подъятые и сильнѣйшимъ побужденіемъ къ трудамъ будущимъ.—Мы почтемъ себя счастливыми и вполнѣ награжденными, если удостоимся заслужить отъ Васъ, П. П.! благосклонное вниманіе къ нашимъ упражненіямъ, и одобрительные отзывы о успѣхахъ нашихъ. Это есть единая цѣль, къ которой стремятся всѣ наши желанія,— единая награда, какая только можетъ радовать и поощрять учащихся. Но мы не дерзаемъ предугадывать, не дерзаемъ заранѣе мечтать о томъ, какое сужденіе угодно будетъ произнести Вамъ, П. П.! о нашихъ успѣхахъ. Юность и неопытность лѣтъ нашихъ могутъ ли представить достойныя жертвы Мужамъ просвѣщеннымъ, искусившимся долговременными трудами и опытами?

(*) Читано на публичномъ испытаніи, 28 Іюня, 1824 года.
(**) См. *Муравьева. Опыты Исторіи, Словесности и Правоученія*; ч. *I*, стр. 36. М. 1810.

Можемъ ли мы достойно возблагодарить Отечеству и гражданамъ за всѣ пособія и средства, за всѣ нѣжнѣйшія заботы и попеченія, коими пользуемся въ семъ благодѣтельномъ мѣстѣ нашего воспитанія?... Намъ остается только, въ сладостныхъ мечтахъ, думать и надѣяться, что нѣкогда и мы, хотя отчасти, воздадимъ за всѣ оныя блага дражайшему Отечеству и сердобольнымъ его гражданамъ, воздвигшимъ сіе Училище, — сей памятникъ, являющій ихъ благотвореніе, покровительство и человѣколюбіе къ бѣднѣйшимъ своимъ собратіямъ.

Но чѣмъ же мы воздадимъ дражайшему Отечеству? чего требуетъ оно отъ сыновъ своихъ?.... *Любви и преданности!*..... Вотъ священный долгъ нашъ, вотъ достойнѣйшая жертва, какую можемъ только приносить ему! — И такъ, да будетъ мнѣ позволено, П. П., сказать нѣсколько словъ о любви и преданности къ Отечеству, или о томъ: *что можетъ возбуждать и питать въ согражданахъ чувство Патріотизма?* —

Исторія свидѣтельствуетъ, что со времени учрежденія политическихъ обществъ водворилась между согражданами и любовь къ Отечеству. Съ того времени самое имя Отечества содѣлалось священнымъ для всѣхъ народовъ, тѣмъ паче, когда они познали опытомъ, что могущество, слава и благоденствіе ихъ суть плоды Патріотизма. — Отъ сихъ-то отдаленныхъ временъ древности до дней нашихъ, въ продолженіе тысящелѣтій, сохранилось и сохраняется сіе мудрое правило: *Всякой добрый и благомыслящій*

9*

гражданинъ долженъ любить свое Отечество, и для блага сего, въ случаѣ необходимости, не щадить ничего, даже и собственной жизни.

Сіе правило есть истина святая и неоспоримая. Безчисленные опыты и примѣры всѣхъ вѣковъ, Законодатели и Философы древнихъ и новыхъ народовъ утверждаютъ насъ въ сей истинѣ. »Любите Отечество« — взываютъ они къ намъ — »долгъ благодарности, чести и собственная польза ваша требуютъ сего!« — Изъ древнихъ Персы, и въ особенности Греки и Римляне, отличаются Патріотическимъ духомъ отъ всѣхъ прочихъ народовъ. Отечество было для нихъ первымъ предметомъ въ публичной и частной ихъ жизни; оно прославлялось во храмахъ, сіяло на памятникахъ, гремѣло на торжествахъ и въ судилищахъ; оно возбуждало изступленіе храбрости въ воинахъ, одушевляло Ораторовъ и воспламеняло Поэтовъ. Сего мало: часто одного только священнаго имени Отечества довольно было для обузданія мятежныхъ крамольниковъ, или для внушенія доблести въ малодушныхъ; словомъ: оно возбуждало и питало во всѣхъ состояніяхъ гражданъ какое-то особенное, неизъяснимое чувство любви и привязанности къ мѣсту ихъ рожденія! — (*) »*Иди на брань*

(*) «Да не возлюбитъ никто чуждаго града болѣе своего Отечества и да не «подвергнется чрезъ то гнѣву отечественныхъ боговъ. Такое помышленіе «есть уже начало измѣны. Но и того несправедливѣе, оставивъ отечественную землю, жить въ чужой; ибо что можетъ быть для насъ сладостнѣе «Отечества?«— *Отрывокъ изъ Залевковыхъ Законовъ.* См. Записки и Труды Общества Исторіи и Древностей Россійскихъ; ч. I. стран. 54. М. 1815.

за Отечество, и возвратись со щитомъ, или на щитѣ!« такъ говорили Спартанки сынамъ своимъ, ополчавшимся на враговъ. — »*Сладко умереть за Отечество!* « — восклицали доблестные Римляне, и безпрепятно устремлялись въ битвы за Римъ и свободу. Такимъ образомъ предъ малымъ числомъ сихъ героевъ, одушевляемыхъ Патріотизмомъ, исчезали несчетныя полчища Даріевъ, Ксерксовъ, Бренновъ и Пирровъ! —— Между новыми народами многіе также ознаменовали себя любовію къ Отечеству. Нужно-ли приводить тому примѣры, имѣя предъ собою единственный примѣръ въ лѣтописяхъ міра — примѣръ собственнаго нашего Отечества?..... Давно-ли новый Ксерксъ, угнетавшій долгое время Царей и народы Европы, — давно-ли вторгался съ тьмочисленными полчищами въ родную страну нашу, мечтая покорить ее?.....

«Но здѣсь ихъ встрѣтила граничная стѣна!
Не ратниковъ число, не рядъ огромныхъ башенъ, —
Ихъ встрѣтила *любовь къ Отечеству, къ Царю!*
О Россъ! въ ней мощь твоя; ты ею силенъ, страшенъ,
Ты ею засвѣтилъ спокойствія зарю!»......

И гдѣ же полчища Галловъ, нѣкогда непобѣдимыхъ?.... Въ нѣдрахъ земли нашей. Гдѣ кровожадный вождь ихъ, гдѣ тотъ новый Ксерксъ, мечтавшій покорить насъ?..... Рушились пагубные замыслы алчнаго честолюбца-завоевателя, исчезли его мечтанія, и память его съ шумомъ погибла!..... И Россія и Европа снова благоденствуютъ! — Столь могущественна сила любви къ Отечеству! Столь чудесны ея дѣйствія! —

Но пламенѣя священною любовію къ Отечеству, истинно добрый и благонамѣренный гражданинъ пожелаетъ, и по собственному чувству и по долгу, узнать: какія суть средства, могущія возбуждать и питать въ согражданахъ чувство Патріотизма?

Кажется, что всѣ возможныя средства, возбуждающія и питающія въ сердцахъ нашихъ любовь къ Отечеству, проистекаютъ изъ одного главнаго и почти единственнаго источника, который есть — *доброе воспитаніе*. — Само по себѣ разумѣется, что здѣсь говорится о воспитаніи нравственномъ. Оно, украшая сердце наше правилами добродѣтели, а умъ — полезными знаніями, улучшаетъ такимъ образомъ бытіе наше, или, если можно такъ выразиться, даруетъ намъ новую, лучшую жизнь — жизнь нравственную, приличную высокому назначенію и особенному превосходству человѣка предъ прочими твореніями.

Воспитаніе юношества есть, безъ сомнѣнія, одинъ изъ важнѣйшихъ предметовъ, какъ для частныхъ семействъ, такъ и для цѣлыхъ Государствъ, которыя, въ строгомъ смыслѣ, суть также многочисленныя семейства, имѣющія отцами — Монарховъ. Благотворное вліяніе добраго воспитанія, водворяя благоденствіе въ нѣдрахъ семействъ, производитъ то же самое и въ Государствахъ: ибо добрая нравственность и истинное просвѣщеніе суть основы нашего счастія. — »Если хотите узнать мое мнѣніе о »степени благоденствія какой-либо націи« — говоритъ нѣкоторый благонамѣренный писатель, — »то не разсказывайте мнѣ

»о ея богатствѣ, великолѣпіи городовъ и тому подобномъ: »разскажите только, какова нравственность сей націи.« —

Всѣ мудрые Государи, Отцы подвластныхъ имъ народовъ, всѣ мудрые Законодатели, какъ видно изъ Исторіи древнихъ и новыхъ временъ, обращали особенное вниманіе на воспитаніе юношества, и старались совершенствовать оное. Многіе ученые и опытные мужи оставили драгоцѣнныя творенія о семъ важномъ предметѣ. Исторія сохранила письмо Филиппа Македонскаго, писанное имъ къ славному Аристотелю, вскорѣ послѣ рожденія сына его Александра.

»Узнай« — писалъ Филиппъ къ Философу, — »что у меня »родился сынъ, и я благодарю боговъ отъ всего моего »сердца, не столько за дарованіе мнѣ сына, сколько за то, »что онъ родился въ твое время: ибо я уповаю, что, »получивъ отъ тебя образованіе ума и сердца, онъ со»дѣлается нѣкогда достойнымъ моимъ сыномъ и достой»нымъ наслѣдникомъ Государства.« —

Вотъ сколь высоко цѣнилъ Филиппъ хорошее воспитаніе, и сколь счастливымъ почиталъ себя, нашедъ достойнаго наставника для своего сына! —

Безсмертная Монархиня и Мудрая Законодательница наша, Екатерина Великая, въ Наказѣ своемъ начертала сіи незабвенныя слова: *Правила воспитанія суть первыя основанія, пріуготовляющія насъ быть гражданами* (*). Говоря

(*) Наказа Коммиссіи составленія Законовъ гл. XIV, § 348.

другими словами, кажется, это значитъ, что одно только доброе воспитаніе содѣлываетъ насъ истинными сынами Отечества и полагаетъ прочную основу нашему благоденствію. Такъ! доставленіе Отечеству добрыхъ гражданъ — есть главная, священная цѣль воспитанія!....

Многіе, и очень справедливо, уподобляютъ души молодыхъ людей листамъ бѣлой бумаги, на которыхъ можно написать все по произволенію; или мягкому воску, способному принимать всѣ желаемыя формы. Доброе воспитаніе употребляетъ сіе въ пользу; напечатлѣвая неизгладимо въ душѣ молодаго человѣка правила чистой нравственности, украшая умъ его полезными знаніями, оно готовитъ въ немъ Отечеству достойнаго сына, который нѣкогда своимъ служеніемъ и ревностнымъ исполненіемъ обязанностей того состоянія, въ которомъ угодно будетъ провидѣнію поставить его, воздастъ за воспитаніе свое Отечеству. —

И такъ, для достиженія сей благой цѣли прежде всего, кажется, должно обращать вниманіе юныхъ питомцевъ на ту страну, въ коей они получили бытіе свое, въ коей, можетъ быть, должны будутъ провести всю жизнь свою, — на ту страну, съ благоденствіемъ которой нераздѣльно соединяется собственное ихъ счастіе и благоденствіе. Словомъ: *надобно, чтобы они прежде всего узнали свое Отечество;* а достигнуть сего не иначе можно, какъ чрезъ воспитаніе, болѣе приличное и сообразное родному краю или Отечеству нашему. Но что есть Отечество? могутъ спросить нѣкоторые....... Трудно, или даже невозможно, выразить всю силу и обширность значенія сего слова. Истинный патріотъ можетъ это чувствовать; но всѣ выраженія краснорѣчивыхъ ораторовъ будутъ слабы и недостаточны...... И я-ли въ семъ случаѣ дерзну испытывать слабыя силы свои, привыкнувъ съ трепетомъ младенца произносить священное имя Отечество?... По крайней мѣрѣ подъ словомъ *отечественное*, кажется, можно разумѣть все то, что для насъ священно и драгоцѣнно въ странѣ нашего рожденія, — все, что напоминаетъ намъ о славѣ, могуществѣ, добродѣтеляхъ и талантахъ нашихъ предковъ и современниковъ, что возвышаетъ духъ нашъ, или образуетъ и составляетъ такъ называемый *національный характеръ*, сіи отличительныя и рѣдко измѣняющіяся свойства въ нравахъ, образѣ жизни, мнѣніяхъ и привычкахъ какого-либо народа.

Теперь можно предложить вопросъ: какое именно воспитаніе удобнѣе для достиженія прежде сказанной цѣли: *публичное*, или *домашнее?* Много было споровъ между учеными и воспитателями юношества касательно сего важнаго вопроса; но по мнѣнію большей части просвѣщенныхъ людей, преимущество отдается публичному воспитанію. Еще въ древности оно было предпочитаемо домашнему. Древніе Персы, не зараженные еще пагубною роскошью, и доблестные Спартанцы, получившіе законы отъ мудраго и строгаго Ликурга, имѣли общественныя школы, куда, достигнувъ извѣстнаго возраста, должны были поступать дѣти ихъ безъ всякаго исключенія. Тамъ сынъ знаменитаго гражданина получалъ одинаковое воспитаніе съ дѣтьми послѣднихъ гражданъ и одинакія правила, напечатлѣваемыя мудрыми и опытными наставниками; тамъ одинакое содержаніе, пища, пріученіе къ трудамъ и терпѣнію тѣсно соединяли другъ съ другомъ молодыхъ людей всѣхъ состояній; всѣ равно были обязаны Отечеству, пекущемуся объ нихъ съ одинаковою заботливостію. Въ среднія и ближайшія къ намъ времена многіе прозорливые и мудрые Государи, уважая выгоды общественнаго воспитанія и стараясь о благѣ своихъ подданныхъ, основывали и умножали въ своихъ владѣніяхъ разныя заведенія для общественнаго воспитанія юношества. Отсюда получили начало свое Академіи, Университеты, Атенеи, Лицеи, Гимназіи и другія учебныя заведенія. Замѣтить должно, что въ сіи заведенія наставники всегда почти назначаются самимъ Правительствомъ изъ людей испытанныхъ и опытныхъ, между тѣмъ, какъ частные люди не рѣдко могутъ ошибаться въ выборѣ воспитателей и наставниковъ для дѣтей своихъ. — Но главнѣйшая выгода общественнаго воспитанія есть возбужденіе соревнованія между воспитывающимися, какъ въ успѣхахъ, такъ и въ благонравіи, и что многія, по видимому неважныя, связи и отношенія между молодыми людьми, воспитывающимися въ публичныхъ, заведеніяхъ, укрѣпляютъ часто на всю жизнь между ними связи искренней дружбы и приготовляютъ ихъ къ важнымъ испытаніямъ и опытамъ въ свѣтѣ.

Но возвратимся къ главному предмету нашего разсужденія. И такъ — на что же должно обращать особенное вниманіе при воспитаніи юношества, имѣя въ виду доставленіе Отечеству добрыхъ гражданъ, — что сильнѣе всего можетъ возбуждать и питать въ нихъ чувство Патріотизма?....

Религія, святая, божественная Вѣра отцевъ нашихъ, сей неизчерпаемый источникъ всѣхъ добродѣтелей, сія вѣрнѣйшая путеводительница наша на пути жизни, — она, она крѣпчайшими узами соединяетъ насъ съ Отечествомъ! Изъ сего-то источника почерпается чистѣйшая любовь къ Богу, Царю и Отечеству!... Ея небеснымъ свѣтомъ озаряемые, Ея святыми внушеніями руководимые, чего не совершали благочестивые предки и современники наши?... Какихъ жертвъ не принесено ими во славу Бога, Монарховъ и Отечества?..... Такъ, П. П.! отъ временъ Равноапостольнаго Просвѣтителя Сѣвера и до дней нашихъ, сколь много найдемъ мы разительныхъ примѣровъ Патріотизма и другихъ добродѣтелей гражданскихъ въ Исторіи Церкви и Отечества нашего!.... Сколь многія имена согражданъ нашихъ сіяютъ тамъ славою и безсмертіемъ!

По важному своему вліянію на возбужденіе благородныхъ чувствъ Патріотизма, непосредственно за Религіею слѣдуютъ *Законы* и другія благодѣтельныя постановленія, изложенныя мудрыми, попечительными и прозорливыми Монархами, для блага ввѣренныхъ имъ Богомъ народовъ. Сіи Законы и постановленія, освященныя временемъ и давностію, или вновь вводимыя, сообразно вѣку, степени образованія и духу народному, содѣлываются для насъ священными. Они защищаютъ слабаго отъ притѣсненій сильнаго и вообще споспѣшествуютъ благу Государствъ; ибо еслибъ гдѣ не было Законовъ, тамъ не было бы и порядка, а безъ порядка не можетъ быть ни спокойствія, ни счастія въ гражданскихъ обществахъ. И такъ, ощущая благодѣтельныя дѣйствія и необходимость мудрыхъ Законовъ, наслаждаясь спокойствіемъ и счастіемъ подъ сѣнію оныхъ, можно-ли не чувствовать величайшей благодарности, уваженія и любви къ виновникамъ нашего блаженства — Монархамъ и другимъ Верховнымъ Правителямъ, которые суть творцы и неусыпные стражи Законовъ? — И какой Патріотъ, внимая гласу Законовъ, не будетъ охотно исполнять всѣ обязанности добраго гражданина?......

Книги Священнаго Писанія и Законы становятся вразумительнѣе для народа и вѣрнѣе руководствуютъ его ко благу вѣчному и временному, если онѣ изложены на природномъ языкѣ его. Справедливость сего подтверждается примѣромъ почти всѣхъ Европейскихъ Государствъ, что также показываетъ попечительность Монарховъ о возвышеніи природнаго языка. Но и кромѣ сего выгоды знанія Отечественнаго языка всегда почитались одними изъ важнѣйшихъ выгодъ всякаго просвѣщеннаго гражданина. «Невозможно изчислить, сколь много способствуетъ къ сіянію, славѣ и просвѣщенію Государства попеченіе, прилагаемое къ очищенію языка, и одобреніе превосходныхъ Писателей. Чѣмъ болѣе вкусъ чтенія становится общимъ, тѣмъ болѣе число полезныхъ истинъ увеличивается, тѣмъ болѣе просвѣщеніе разливается во всѣхъ состояніяхъ народа*.» Языкъ есть вѣрное знаменіе величія и славы народовъ и крѣпчайшая связь, соединяющая гражданъ съ Отечествомъ.

И такъ — изъ сего ясно усматривается, что *Вѣра*, *Законы* и *Отечественный языкъ* суть главнѣйшія основы воспитанія, твердѣйшія опоры общества и крѣпчайшій союзъ сыновъ его.

Сюда же, по всей справедливости, можно отнести *Исторію* и въ особенности *Отечественную*. Великія дѣла древнихъ и чуждыхъ народовъ возбуждаютъ въ насъ удивленіе и благородную ревность подражать имъ; но дѣла великихъ Мужей, соотечественниковъ нашихъ, должны быть для насъ гораздо любезнѣе и поучительнѣе. — Познавъ изъ произшествій минувшихъ, что̀ было виною благоденствія и могущества предковъ нашихъ и что̀ ввергало ихъ въ бѣдствія, граждане привязываются еще болѣе къ Отечеству неразрывными узами собственной пользы, общественной славы, домашнихъ примѣровъ, кои часто превращаются въ правила поведенія и народнаго духа. — Великіе и блистательные подвиги славныхъ нашихъ соотечественниковъ раждаютъ въ насъ нѣкотораго рода похвальное самолюбіе, источникъ народной гордости, *которая* — какъ говоритъ почтенный нашъ Исторіографъ — *служитъ твердою опорою Патріотизма*. — Даже самыя мѣста, прославленныя какими-либо знаменитыми событіями, памятники въ честь заслугъ воздвигнутые, изображенія великихъ мужей, — словомъ все,

---

* См. *Муравьева Опыты Исторіи, Словесности и Нравоученія*.

напоминающее намъ объ Отечествѣ и истинныхъ сынахъ его, должно возбуждать и питать въ насъ чувство Патріотизма.

Представимъ, П. П.! добраго отца, истиннаго Рускаго Патріота, желающаго наполнить душу сына своего высокимъ, благороднымъ чувствомъ любви къ Отечеству,— представимъ ихъ путешествующими по Россіи. Пусть первымъ предметомъ ихъ любопытства и вниманія будетъ Первопрестольная столица наша — великая Москва. Почтенный старецъ и пылкій, образованный юноша, вступаютъ въ священныя стѣны Кремля, въ нашу Капитолію, и тысячи воспоминаній пробуждаются въ памяти ихъ. »Здѣсь«—скажетъ отецъ сыну своему—»каждый шагъ земли ознаменованъ великимъ произшествіемъ; здѣсь возрасли и укрѣпились свобода, могущество и слава народа Рускаго; здѣсь прозорливый и дѣятельный *Іоаннъ Калита* положилъ начало величію Престола Московскаго и самой Москвы, по имени которой въ послѣдствіи цѣлая Россія называлась *Московскимъ Государствомъ*.« Потомъ съ благоговѣніемъ входятъ они въ Кремлевскіе Соборы, покланяются гробамъ *Донскаго*, *Іоанновъ III* и *IV*, сихъ Вѣнценосныхъ Героевъ нашихъ, и гробамъ *Михаила*, *Алексія*, *Ѳеодора*, обновителей и просвѣтителей Отечества, приготовившихъ оное несравненному Преемнику своему, Великому ПЕТРУ, для возведенія на высочайшую степень могущества и славы! — Съ особеннымъ вниманіемъ расматриваютъ они потомъ древнія жилища Московскихъ Царей, или богатѣйшія ихъ сокровища, престолы, вѣнцы, одежды и домашнія утвари, свидѣтельствующія о великолѣпіи и пышности Двора Рускаго. Между тѣмъ родитель, при каждомъ достопамятномъ предметѣ, возобновляетъ въ умѣ сына своего Историческими воспоминаніями картину минувшихъ событій, имена славныхъ соотечественниковъ и подвиги ихъ, нѣкогда въ стѣнахъ самаго Кремля совершенные. — Выходя изъ отечественнаго Музея, они увидятъ предъ собою величественное зданіе Сената, сего Верховнаго Судилища, гдѣ изрекается судъ и правда судящимся чрезъ знаменитыхъ Вельможъ Рускихъ, облеченныхъ саномъ и властію правительственною за испытанное прямодушіе и строгое соблюденіе Законовъ. — Проmивъ сего Судилища увидятъ они многочисленные ряды громоносныхъ орудій, отъ коихъ нѣкогда разсыпались въ прахъ крѣпчайшія твердыни, и многія тысячи воиновъ разноплеменныхъ пали на поляхъ бранныхъ, сражаясь за Отечество и Царей своихъ. — »Вотъ« — скажетъ родитель — »трофеи наши, трофеи священной брани 1812 года!«...... И при сихъ словахъ изобразитъ съ восторгомъ юному сыну чудеса храбрости, мужества и непоколебимой твердости, оказанныя Рускими въ продолженіе оной брани за свободу и славу Отечества. — Такимъ образомъ, обозрѣвая достопамятности Кремля, они найдутъ еще много и другихъ предметовъ, коими столь богата древняя наша Столица, что всякой, знающій Отечественную Исторію, можетъ, кажется, здѣсь повторять ее и переноситься мыслію въ отдаленные вѣки, посѣщая тѣ мѣста и урочища, которыя донынѣ еще сохранили древнія свои названія, возбуждающія въ насъ безчисленное множество

Историческихъ воспоминаній. — Оставя на время шумную Столицу, они конечно полюбопытствуютъ видѣть ея живописныя окрестности, и посѣтить древнія обители Московскія, славныя также многими достопамятными событіями. Потомъ — пусть наши путешественники отправятся въ Троицкую Лавру, — пусть родитель на пути прочтетъ съ сыномъ своимъ тѣ мѣста въ Исторіи нашей, гдѣ описываются знаменитые случаи, въ Лаврѣ происходившіе; пусть замѣтитъ юноша Патріотизмъ незабвенныхъ мужей Діонисія и Авраамія, по гласу коихъ явились нѣкогда на избавленіе Москвы отъ враговъ иноплеменныхъ великодушные Спасители Отечества — Пожарскій и Мининъ!

Но въ одной-ли Москвѣ, П. П.! Руские Патріоты могутъ находить предметы и мѣста, возбуждающія поучительныя, сладостныя размышленія, или высокія чувства народной славы и любви къ Отечеству?. . . . .

Нѣтъ ни одного изъ нашихъ древнихъ городовъ, который бы не былъ ознаменованъ какимъ-нибудь важнымъ произшествіемъ Россійской Исторіи, — который бы не могъ служить самъ содержаніемъ особенной Исторіи. Мы ходимъ по землѣ, освященной кровію предковъ нашихъ и прославленной отважными предпріятіями и подвигами Князей и Полководцевъ, изъ которыхъ, къ сожалѣнію, не всѣ еще имѣли достойныхъ провозвѣстниковъ славы своей!— И такъ, гдѣ же лучше и успѣшнѣе можно поучаться любви къ Отечеству, какъ не въ самомъ Отечествѣ?. . . . . И чѣмъ приличнѣе можно возбуждать и питать въ согражданахъ

чувство Патріотизма, какъ не воспитаніемъ отечественнымъ, какъ не отечественными примѣрами и памятниками благочестія, преданности къ Царямъ и Законамъ, и наконецъ — чтеніемъ назидательныхъ и образцовыхъ твореній изящнѣйшихъ Писателей?.... Такъ, по свидѣтельству Исторіи, думали древніе Греки и Римляне, коихъ донынѣ поставляютъ въ примѣръ и подражаніе народамъ. Отъ нихъ-то осталось сіе златое изреченіе: »*Узнай прежде свое Оте-*
»*чество, а потомъ посѣти чуждыя страны.*« — Такъ, безъ сомнѣнія, думали и думаютъ у насъ истинные сыны Отечества. Пусть нѣкоторые путешественники наши, увлекаясь, какъ говорятъ, духомъ времени, или, слѣдуя всеобщей молвѣ и очаровательнымъ описаніямъ, — пусть оставляютъ свое Отечество и ищутъ познаній за предѣлами его, въ странахъ чуждыхъ, — пусть они посѣщаютъ Академіи, восхищаются произведеніями Наукъ и Искусствъ, — пусть разсматриваютъ памятники Древности, развалины и живописныя мѣстоположенія; — но среди всѣхъ удовольствій своихъ, среди обилія, а, можетъ быть, и пагубной роскоши, подъ яснымъ небомъ Франціи, или классической Италіи, — не чувствуютъ-ли они иногда мучительной горести одиночества, и не стремятся-ли мысли и сердца ихъ, подобно магниту, къ Сѣверу, туда, гдѣ ихъ Отечество, гдѣ ихъ родные, друзья, сограждане?.... Здѣсь встати можно привести слова одного почтеннаго Россіянина, путешествовавшаго въ исходѣ прошедшаго столѣтія по Европѣ: »Всѣ учащіеся вытверживаютъ наизусть сказанія о тру-

»дахъ Геркулесовыхъ, описанія о путешествіяхъ героевъ »въ страны подземныя; но многіе не заботятся объ Исторіи своего Отечества; раззоряются для того, чтобы »посмотрѣть мѣста, прославленныя баснословіемъ древ»нихъ; обозрѣвъ поля Елисейскія, царство Плутоново, »гротъ Сивиллы и проч., — они почитаютъ себя умнѣе, нежели какими были прежде*.«—

Не отрицая впрочемъ многихъ выгодъ и существенной пользы отъ путешествій въ чужіе краи, молодыми людьми пріобрѣтаемыхъ, особенно же, если они находятся подъ непосредственнымъ надзоромъ своихъ родителей, или ввѣряются опытнымъ воспитателямъ и наставникамъ, — не отрицая таковыхъ выгодъ и пользы, остается только желать, чтобъ молодые люди, прежде нежели оставять Отечество, употребили извѣстное время на познаніе роднаго своего края. И тогда-то, съ сердцемъ, исполненнымъ благихъ примѣровъ благочестія, съ умомъ, необходимыми познаніями украшеннымъ, съ любовію къ родной странѣ своей и съ вѣрнымъ обѣтомъ быть нѣкогда полезными сынами Отечества, — тогда они соберутъ въ чуждыхъ странахъ богатыя сокровища познаній и опытовъ! —

И такъ, П. П.! не льзя, кажется, не согласиться въ сей истинѣ, *что всѣ возможныя средства, все, что можетъ возбуждать и питать въ согражданахъ чувство Па-*

---

* *Мысли о Россіи, или нѣкоторыя замѣчанія о гражданскомъ и нравственномъ состояніи Рускихъ до царствованія ПЕТРА Великаго.* См. Вѣсти. Евр. 1807, ч. XXXI, стр. 22.

тріотизма, заключается въ добромъ воспитаніи. — Въ Россіи, любезномъ нашемъ Отечествѣ, чрезъ неусыпныя попеченія Мудрыхъ Монарховъ распространено и усовершенствовано благотворное общественное воспитаніе для юношества всѣхъ состояній. Возблагодаримъ Всеблагое Провидѣніе, даровавшее намъ Петра, Елисавету, Екатерину и нынѣ достославно царствующаго Александра I!....* Ихъ отеческимъ попеченіямъ обязана Россія настоящею степенью своего образованія и просвѣщенія, — ихъ геній поставилъ Отечество наше на чреду величайшихъ Государствъ во вселенной!.... И ты, нѣжнѣйшая Матерь, Покровительница и отрада сирыхъ и безпомощныхъ!.... И ты, Августѣйшая Марія, незабвенна пребудешь въ позднѣйшемъ потомствѣ за свои безпримѣрныя попеченія о воспитаніи юношества!.... тебѣ приносимъ жертвы благодарныхъ сердецъ, — тебѣ мы обязаны всѣми благами, покоясь подъ кровомъ твоимъ!...

Любезные товарищи! Вскорѣ нѣкоторые изъ насъ оставятъ сіе благодѣтельное мѣсто своего воспитанія..... И чѣмъ-же мы воздадимъ, чѣмъ докажемъ Почтеннѣйшимъ Благотворителямъ, Членамъ и Начальству сего заведенія глубочайшую свою благодарность за понесенные ими труды ко благу и пользамъ нашимъ?.... Не любовію-ли къ Отечеству, не исполненіемъ-ли своихъ обязанностей въ обществѣ, не пожертвованіемъ-ли всѣхъ силъ и способностей нашихъ Царю, Отечеству и ближнимъ?.... Да одушевляетъ насъ повсюду любовь къ Отечеству, да

* Писано въ 1824 году.

не истребится никогда изъ памяти и сердецъ нашихъ сіе назидательное, священное правило:

»*Любовь къ Отечеству возвышаетъ духъ, хранитъ*
»*отъ измѣны, питаетъ, покоитъ, животворитъ и ограж-*
»*даетъ Царства. Какъ древо, насажденное при брегѣ источ-*
»*ника, какъ сельный цвѣтъ, орошенный утреннею росою,*
»*такъ растетъ и красуется держава, которой сыны, забы-*
»*вая покой свой, жертвуютъ всѣмъ для общей пользы и*
»*славы!* «

Сравненіе Ликургова Законодательства съ Солоновымъ.

Древнѣйшая Исторія Греціи, подобно Исторіи всѣхъ странъ и народовъ, покрыта почти непроницаемымъ мракомъ. Очень мало находится достовѣрныхъ сказаній о временахъ первобытныхъ; все представляется въ видѣ басенъ и вымысловъ, показывающихъ младенчество народа и не удовлетворяющихъ любителя исторической точности. Мало по малу неизвѣстность исчезаетъ; повѣсти о событіяхъ послѣдовавшаго времени имѣютъ уже видъ правдоподобія и самой даже достовѣрности. Около 1600 лѣтъ до Р. Х., вышедшіе изъ Азіи Лелеги подъ предводительствомъ Лелекса поселились въ Лакедемонѣ; спустя почти 50 лѣтъ послѣ сего переселенія, Цекропсъ прибылъ изъ Египта въ Грецію

---

* См. Рѣчь Профессора *Р. Ѳ. Тимковскаго* въ Трудахъ Общества Исторіи и Древн. Россійскихъ.

и положилъ основаніе Аѳинамъ, которые при немъ состояли изъ 12 отдѣленій, но послѣ были соединены Ѳезеемъ въ одинъ городъ. Почти за 1500 лѣтъ до Р. Х. Кадмъ основалъ городъ Ѳивы. Симъ тремъ государствамъ принадлежитъ первенство въ Греческой Исторіи, не по времени, или не по старшинству ихъ основанія, но болѣе потому, что отъ нихъ зависѣла судьба другихъ областей. Сперва управляли въ Аѳинахъ Цари; но когда одинъ изъ нихъ, именемъ Кодръ, великодушно пожертвовалъ жизнію своею за отечество: то сіе титло, которымъ они не хотѣли болѣе никого удостоить, было уничтожено и учреждены правители подъ именемъ Архонтовъ. Въ то время Греція состояла изъ многихъ небольшихъ областей, изъ коихъ каждая была управляема особеннымъ начальникомъ; но всѣ онѣ сопряжены были между собою единствомъ языка, вѣры и народной гордости, и соединялись для общей обороны, или для общей пользы. Священнымъ почиталось у нихъ собраніе Амфиктіоновъ, коего члены, состоявшіе изъ депутатовъ всѣхъ городовъ, два раза въ годъ собирались въ Термопилахъ для разсужденія о дѣлахъ Греціи, произносили окончательные приговоры о нарушителяхъ законовъ или общаго спокойствія, и о всѣхъ преступленіяхъ, касающихся до вѣры. Впрочемъ Греція не имѣла еще никакихъ положительныхъ законовъ, въ которыхъ весьма нуждалась. Явились законодатели въ Лакедемонѣ: Ликургъ около 880 года до Р. Х., и въ Аѳинахъ Солонъ около 693 года. Знамениты узаконенія сихъ законодателей; ибо дѣйствія оныхъ простирались не только на ихъ согражданъ, но и на другія Греческія области, принявшія законы Ликурга и Солона.

Каждый изъ сихъ законодателей имѣлъ въ виду особенную цѣль и въ законоположеніяхъ своихъ они слѣдовали совершенно различнымъ правиламъ, потому-ли, что мнѣнія ихъ были не одинаковы, или что склонности ихъ согражданъ не согласовались съ правилами одинакихъ законовъ; почему, для достиженія предположенной цѣли, каждый изъ нихъ употреблялъ особенныя распоряженія и способы.

Намѣреніе Ликургово было сдѣлать Спарту государствомъ воинственнымъ. А по сему мы видимъ въ Исторіи, что Спартанцы, сообразно съ его законами, преимущественно отличались военными подвигами и ни одинъ гражданинъ не могъ имѣть другихъ видовъ и избирать другихъ занятій; надлежало быть или воиномъ, или отказаться отъ отечества: чрезъ что мирныя добродѣтели, науки, художества, торговля и все, составляющее благоденствіе государства, не могло водвориться въ Спартанской республикѣ; даже воспитаніе дѣтей содѣйствовало законодателю къ достиженію предположенной имъ цѣли; заранѣе отлучалъ онъ дѣтей отъ родительскаго дома, подъ предлогомъ, что они должны быть воспитываемы для отечества и принадлежать ему, а не родителямъ. Сверхъ того, Ликургъ желалъ, чтобъ законы его остались навѣки прочными.

Солонъ имѣлъ совсѣмъ другое намѣреніе: онъ хотѣлъ дать Аѳинянамъ законы не самые лучшіе изъ всѣхъ возможныхъ, но самые лучшіе изъ всѣхъ приличныхъ

Аѳинянамъ. Почти всѣ законы его относились не къ войнѣ, но ко внутреннему спокойствію. Онъ не хотѣлъ подвергнуть народъ притѣсненію, но также не хотѣлъ дать ему и излишней свободы. Солонъ хотѣлъ сдѣлать Аѳинскую республику какъ твердою внутри, такъ и безопасною извнѣ; однимъ словомъ, хотѣлъ сдѣлать ее просвѣщенною.

Сравнивъ основанія одного и другаго законодателя, можно спросить: какія изъ нихъ были лучше, какія болѣе соотвѣтствовали цѣли, предположенной законодателями? У Ликурга мы видимъ распоряженія, клонящіяся къ тому, чтобы цѣлый народъ сдѣлать воинственнымъ и слѣдовательно пріучить къ завоеваніямъ; напротивъ, у Солона — распоряженія, приготовляющія республику къ ощущенію внутренней силы и къ отраженію внѣшняго непріятеля. У перваго — учрежденія, открывающія намѣреніе законодателя предохранить ихъ отъ перемѣнъ, отъ порчи, временемъ причиняемой; у другаго — законы, изобрѣтенные не для вѣчнаго существованія, но принаровленные къ обстоятельствамъ. Законодатели шествовали различными путями; но законодательство Солоново должно кажется имѣть преимущество предъ Ликурговымъ.

Одно уже намѣреніе Ликурга, сдѣлать законы свои непремѣнными, совсѣмъ несбыточно. Онъ путешествовалъ по разнымъ странамъ, конечно зналъ людей, слыхалъ о государственныхъ превращеніяхъ, о перемѣнахъ въ образѣ мыслей и просвѣщеніи народовъ; зналъ и о томъ, что народъ, по прошествіи нѣсколькихъ столѣтій, совершенно измѣняется, и что по сей уже причинѣ для него надобны новые законы. Правда, что и Солонъ взялъ клятву съ Аѳинянъ хранить законы его, по крайней мѣрѣ, въ продолженіи ста лѣтъ; однако нельзя же утверждать, что онъ думалъ, будто они процвѣтать будутъ чрезъ многія столѣтія и никогда не состарѣются.

Одна мысль Ликурга сдѣлать государство только воинственнымъ, показываетъ грубое, свойственное вѣку законодателя, намѣреніе — положить начало всегдашнимъ безпокойствамъ, смятеніямъ и военнымъ замѣшательствамъ, а внутреннюю тишину и семейственное счастіе оставить въ небреженіи. Напротивъ того, Солоново прекрасное намѣреніе клонилось къ тому, чтобы доставить народу спокойство, утвердить его благоденствіе и водворить науки, искусства и торговлю.

Не льзя не удивляться, какъ народъ могъ терпѣливо сносить, когда Ликургъ стѣснялъ его права и отнималъ у него почти всю власть? Можетъ быть, только раздѣлъ земли на равныя части воспрепятствовалъ уничтоженію Ликурговыхъ законовъ. Низшій классъ народа не имѣлъ участія въ гражданской службѣ; онъ долженъ былъ предлагаемыя отъ Сената дѣла или одобрить, или отвергнуть съ лаконическою твердостью, а отнюдь не входить въ разсмотрѣніе оныхъ. Какая разница съ Солоновымъ законодательствомъ! Аѳинскій народъ въ собраніяхъ своихъ разсуждалъ о дѣлахъ государственныхъ, назначалъ гражданъ къ отправленію должностей и былъ увѣренъ, что ничего не сдѣлается безъ его воли.

Ликургъ раздѣлилъ народъ на три класса, и Гелотамъ, принадлежавшимъ къ послѣднему, въ удѣлъ достались презрѣніе и несносныя обиды. На нихъ лежали обязанности отправлять самыя низкія работы, ихъ наказывали тѣлесно и даже убивали. Солонъ раздѣлилъ народъ на пять классовъ, и хотя граждане, къ двумъ послѣднимъ принадлежавшіе, не могли быть опредѣляемы къ должностямъ, однакожъ имѣли право давать голоса въ собраніи.

Ликургъ достоинъ упрека за безчеловѣчное истязаніе дѣтей, истязаніе, которое сообразно начертанному имъ плану, дѣлало ихъ воинственными. (*) Многіе Историки увѣряютъ, что по узаконенію Ликурга, приводили дѣтей Спартанскихъ въ храмъ богини Діаны и сѣкли ихъ розгами, для пріученія къ терпѣнію; но нельзя слышать безъ содроганія и ужаса о законѣ Ликурга, коимъ предписывалось дѣтей, родящихся слабыми или уродливыми, бросать въ пропасть, находившуюся недалеко отъ города, по одному только мнѣнію, что существо, обиженное природою, должно быть въ тягость и другимъ и самому себѣ.

Однакожъ не должно во всемъ обвинять Ликурга. Онъ жилъ почти за 200 лѣтъ до Солона, въ то время, когда почти всѣ Греки жили въ состояніи дикости. Онъ первый сдѣлалъ въ народѣ своемъ опытъ къ составленію порядочнаго законодательства; а потому несправедливо было бы

(*) См. Кайданова Истор., 1826, ч. I, стр. 67.

отнимать у него и сіе достоинство. Въ его время все устремлялось къ подвигамъ мужества; все одушевляемо было храбростію; и такъ, не удивительно, что законодатель предположилъ себѣ главнымъ правиломъ воинственное образованіе. Еслибъ онъ жилъ въ Солоново время: то, можетъ быть, твердый умъ его устремился бы къ другой, благороднѣйшей цѣли.

Безъ сомнѣнія, что оба сіи законодатели имѣли великое вліяніе какъ на нравы и постепенное образованіе, такъ и на судьбу народовъ, которымъ они даровали законы. Въ Исторіи Спартанцевъ и Аѳинянъ видны слѣды вліянія законовъ на свойства и на дѣйствія обоихъ народовъ, всегдашнихъ соперниковъ между собою.

Спартанцы, по намѣренію своего законодателя, остались воинственнымъ народомъ. Они имѣли у себя знаменитыхъ полководцевъ, покоряли области, славились мужествомъ, безпрестанно искали предлоговъ къ войнѣ и домогались верховнаго владычества надъ всею Греціею. Всѣ изящныя искусства, всѣ науки были чужды Спартанцамъ; ибо онѣ не могли процвѣтать при безпрерывныхъ войнахъ и среди шума оружія.

Правда, что и Аѳиняне содѣлались наконецъ народомъ воинственнымъ; Аѳины долгое время были позорищемъ внутреннихъ раздоровъ; — и такъ, не удивительно, что законы Солона не были свято исполняемы, и что прежнія распри возобновились, какъ только Солонъ удалился изъ города.

Пизистратъ похитилъ верховную власть и Солонъ, по возвращеніи своемъ, не могъ уже ничего противопоставить его намѣреніямъ. Скоро потомъ началась война противъ Персовъ, въ которой Аѳиняне принимали дѣятельнѣйшее участіе. Законы Солоновы оставались въ небреженіи, но виною тому были тогдашнія обстоятельства.

Хотя законы Солоновы и не укротили волненій политическихъ, однакожъ были главною причиною водворенія наукъ, художествъ и торговли въ Аѳинахъ. Тамъ скоро полюбили Гомеровы пѣснопѣнія; тамъ Ѳесписъ первый подалъ мысль о Трагедіи; тамъ жили Гезіодъ и Анакреонъ, плѣняющій еще и нынѣ неподражаемою простотою, живостію и легкостью своихъ пѣснопѣній. Кто не восхищается, воспоминая о томъ покровительствѣ, какимъ пользовались въ Аѳинахъ всѣ занимающіеся науками, искусствами и художествами? Человѣколюбивымъ законамъ Солоновымъ и любви къ отечеству одолжена была Аттика своею славой и благоденствіемъ.

Разсужденіе о происхожденіи, правахъ и обязанностяхъ Россійскаго Купечества (*).

Присутствіе Ваше свидѣтельствуетъ и о любви къ отечественному просвѣщенію и удостовѣряетъ въ благосклонномъ вниманіи Вашемъ къ занятіямъ юношества,

---

(*) Читано испытаній на публ. 31 Авг. 1827 г.

воспитывающагося въ семъ Училищѣ. Заключая нынѣ годичное время упражненій своихъ, мы обязаны предъ Вами дать отчетъ въ успѣхахъ, обязаны, и по чувству благодарности за получаемыя здѣсь благодѣянія, и по долгу своему представить Вамъ плоды трудовъ своихъ на поприщѣ просвѣщенія. Счастливыми почтемъ себя, если удостоимся отъ Васъ, П. П.! услышать одобрительные отзывы, заслужить благосклонное вниманіе къ трудамъ своимъ и поощреніе къ дальнѣйшимъ успѣхамъ. — И что можетъ болѣе дѣйствовать на юныхъ, неопытныхъ искателей просвѣщенія, какъ не отеческое вниманіе Мужей образованныхъ?... Незрѣлые, но вниманіемъ ихъ окриленные умы и дарованія, быстро стремятся къ достиженію предположенной цѣли. Такъ роса утренняя, или дожди, благовременно низпадающіе на поля и нивы, питаютъ и животворятъ юныя прозябенія, предоставляя дальнѣйшее образованіе оныхъ лучезарному вождю свѣтилъ небесныхъ! — Не то же ли самое можно замѣчать и въ вертоградахъ просвѣщенія, гдѣ вниманіе къ занятіямъ и поощреніе успѣховъ юныхъ дѣлателей суть то же для нихъ, что росы и дожди благотворные для прозябеній, и гдѣ по совершеніи опредѣленныхъ трудовъ, дальнѣйшее и окончательное совершенствованіе ума и сердца юныхъ дѣлателей ввѣряются уже Небесному Вертоградарю, — да устроитъ Онъ будущій жребій ихъ во славу Имени Своего, въ честь и пользу ЦАРЮ, Отечеству и ближнимъ, въ утѣшеніе и отраду родителямъ, наставникамъ и мѣсту воспитанія!..

При священныхъ именахъ Бога, ЦАРЯ и Отечества, чье сердце, П. П.! не ощутитъ благоговѣйнаго трепета и умиленія, — чье сердце не воспламенится къ нимъ сыновнею любовію?... Еще не свершился годъ, какъ мы, любезные товарищи! наслаждались лицезрѣніемъ Августѣйшаго МОНАРХА Россіи, удостоившаго вкупѣ съ Августѣйшею Своею Родительницею Высочайшимъ посѣщеніемъ скромный нашъ вертоградъ (1). Среди блистательнѣйшихъ торжествъ и общаго радованія счастливыхъ обитателей сего Первопрестольнаго града о благополучно совершившемся священнѣйшемъ Вѣнчаніи на Царство и Муропомазаніи Благочестивѣйшаго ЦАРЯ своего, — Онъ, какъ благотворный Геній, какъ Высокій Покровитель отечественнаго просвѣщенія, обратилъ Высокомонаршее вниманіе и на сіе Училище. Здѣсь, на семъ мѣстѣ, съ неизъяснимымъ благодушіемъ предлагалъ Онъ многіе вопросы блюстителямъ сего заведенія, — здѣсь благоволилъ разсматривать опыты трудовъ нашихъ, — здѣсь, какъ нѣжнѣйшій Отецъ, внималъ Онъ съ небесною кротостію простымъ изъявленіямъ сердечныхъ нашихъ чувствованій!... И вскорѣ (2) мы были обрадованы, восхищены неоцѣненнымъ счастіемъ для сего заведенія, что ЕГО ИМПЕРАТОРСКОМУ ВЕЛИЧЕСТВУ благоугодно воспріять на Себя наименованіе *Покровителя* онаго, и содержать на Своемъ иждивеніи шестерыхъ пансіонеровъ въ Училищѣ!... Да сохранятся навсегда въ памяти нашей сіи незабвенные дни, — да напе-

---

(1) Сентября 24 дня 1826 года.
(2) Сентября 28 дня тогожъ года.

чатлѣется неизгладимыми чертами образъ Отца Отечества въ сердцахъ нашихъ! — Дерзнемъ ли умолчать и о Всемилостивѣйшемъ посѣщеніи Училища Государынею Императрицею МАРІЕЮ ѲЕОДОРОВНОЮ, вмѣстѣ съ Ея Императорскимъ Высочествомъ Великою Княгинею Еленою Павловною, благоволившею присутствовать при испытаніи воспитанниковъ (1), и предлагать нѣкоторые вопросы, являющіе отличное превосходство и образованность ума Своего?...

Счастливыя, благотворныя событія для сего заведенія!... Онѣ-то должны одушевлять насъ, любезные товарищи! онѣ-то должны служить всегдашнимъ для насъ поощреніемъ къ трудамъ и успѣхамъ! — Будемъ помнить великость дара, нами полученнаго, — будемъ чувствовать всю цѣну нашего счастія, дабы принести за оныя достойную, соотвѣтственную благодарность!...

Въ изъявленіе сихъ сладчайшихъ чувствованій нашей благодарности, и во свидѣтельство опыта годичныхъ занятій нашихъ, — пріемлю смѣлость предложить Вамъ, П. П.! разсужденіе *о происхожденіи, правахъ и обязанностяхъ Россійскаго Купечества*, и испрашивать на оное благосклоннаго Вашего вниманія.

Торговля есть основаніе благоденствія народовъ и твердая связь людей всѣхъ странъ и климатовъ. Она составляетъ главнѣйшій источникъ всеобщаго изобилія (2);

---

(1) Іюня 30 дня 1826 года.
(2) Указъ 18 Декабря 1797.

а глубокомысленный Геренъ относитъ просвѣщеніе и образованіе человѣчества къ числу даровъ ея. »Обмѣнъ »товаровъ, говоритъ онъ, произвелъ обмѣнъ мыслей, и »отъ сего взаимнаго ихъ оборота впервые возгорѣлось »стремленіе къ умственному совершенству.« Если обратишь мысленный взоръ на всѣ обширныя земли, съ ихъ различными жителями и произведеніями, открытыя чрезъ торговлю; если представишь въ воображеніи всѣ опасности, съ какими соединено было ея распространеніе на сушѣ и на моряхъ; если наконецъ сообразишь въ умѣ всю важность ея послѣдствій: то не льзя не признать, что Провидѣніе назначило торговлю однимъ изъ главныхъ средствъ ко всеобщему благу смертныхъ.

Начиная отъ предѣловъ Малой Азіи, какъ отъ центра, она описала кругъ обширнѣйшій, неизмѣримый. Ни высота горъ недосягаемая, ни глубокой мракъ лѣсовъ дремучихъ, ни хладъ и зной, ни ужасы морей, ничто не могло остановить смѣлаго полета ея. Путеводимая небесными свѣтилами, она узнала предѣлы Африканскіе; чрезъ столпы Геркулесовы гордо понеслась къ берегамъ янтарнымъ, и вскорѣ величественные флаги ея завѣяли въ странахъ новыхъ по климату, людямъ и произведеніямъ.

Купцы, главное орудіе торговли, должны быть также и главными лицами въ Исторіи оной, или, лучше сказать, *Исторія Купечества* и *Исторія Торговли*, есть одно и то же. Говоря о необходимости и важности торговли, о пользѣ и выгодахъ, ею приносимыхъ, должно то же самое сказать и о купечествѣ, которое изыскиваетъ средства къ удовлетворенію необходимыхъ потребностей, старается разнообразить пользу своихъ занятій и увеличивать выгоды, ими доставляемыя. Дѣла торговли суть дѣла купечества. Все, что ни совершено знаменитаго и существенно полезнаго первою, прямо относится къ тому классу людей, который посвятилъ себя на распространеніе источниковъ благосостоянія народнаго и служитъ къ поддержанію могущества и славы государственной. Сіе-то вліяніе торговли на цвѣтущее состояніе Государствъ, всегда доставляло купечеству права болѣе или менѣе значительныя.

Вѣроятно и въ нашемъ Отечествѣ купечество издревле пользовалось особенными правами и выгодами, хотя до прибытія въ Россію Рюрика съ братьями, мы не имѣемъ о томъ никакихъ достовѣрныхъ свѣдѣній.

Права нашего купечества, начавшись преимуществами торговли внѣшней, постепенно стремились къ возвышенію и благосостоянію внутренней; имѣя сперва въ виду болѣе личность, мало по малу достигали до надежнѣйшаго обезпеченія собственности: онѣ, заключаясь нѣкогда въ кругу тѣсномъ, едва замѣтномъ въ общей массѣ правъ, начали время отъ времени развиваться и образовали кругъ обширный и нѣкоторымъ образомъ отдѣльный. Обязанности нашего купечества теперь многоразличнѣе, важнѣе, постояннѣе и опредѣленнѣе.

Въ древнія времена Новогородцы пользовались первыми торговыми правами и исполняли первыя торговыя обязанности. Но ни тѣ, ни другія неизвѣстны намъ до временъ Олега. Онъ первый старался доставить Россійскому купечеству выгоды при производствѣ внѣшней торговли, и славолюбіе, соединенное съ собственною пользою, скоро доставило къ тому средство. Дикіе, враждебные народы отдѣляли Новгородъ отъ Кіева, предмета зависти Олеговой, и заграждали важный *путь Греческій*. Смѣлость, свойственная сынамъ хладнаго Сѣвера, была особеннымъ удѣломъ тогдашняго Правителя Руси. Вскорѣ берега Днѣпровскіе очистились отъ сихъ враждебныхъ племенъ, и безопасность начала сопровождать плаваніе до Понта Евксинскаго. Но воды древняго Борисѳена только воспламенили страсть славы въ груди Олеговой и тяжкій щитъ его внезапно вознесся на стѣны Цареградскія. Богатая дань и выгодный договоръ съ Греками для нашей торговли сопутствовали возвращенію неустрашимаго Олега въ Отечество. *Рускіе гости*, пріѣхавши въ Константинополь, должны были увѣдомлять о своемъ прибытіи городское начальство, которое съ своей стороны обязывалось содержать ихъ на свой счетъ 6 мѣсяцевъ, позволять отправленіе безпошлинной торговли, и на возвратный путь снабжать всѣмъ нужнымъ (*). Такимъ образомъ положено было основаніе торговымъ правамъ внѣ Россіи; но прошелъ цѣлый вѣкъ прежде, нежели внутри оной явились письменныя постановленія, относившіяся къ купеческому сословію.

(*) Карамз., Истор. Госуд. Рос. т. I. стр. 133 и 134.

Договоръ Игоря съ Греками подобенъ тому, который мудрый Опекунъ его заключилъ съ симъ народомъ, исключая нѣкоторыхъ новыхъ статей. Положено было, чтобы въ различіе отъ Пословъ гости Руские носили печати серебряныя. Императорскій чиновникъ отвѣчалъ за ихъ безопасность, разбиралъ дѣла ихъ съ Греками и прилагалъ свою печать ко всякой ткани, которую они купятъ цѣною выше 50 золотниковъ золота (1).

Тогда въ Россіи *гости* занимали первое мѣсто въ торгующемъ сословіи, и, можетъ быть, подобно чужеземнымъ, раздѣлялись на *знаменитыхъ* и *простыхъ*, пользуясь особеннымъ уваженіемъ Князей и отличными преимуществами (2).

Спустя лѣтъ 80 появилась Правда Руская, а съ нею вмѣстѣ права и обязанности купечества Россійскаго. Изъ законовъ Мономаха также сохранились нѣкоторые, къ торговому сословію относящіеся. Такъ, на прим., если чужой товаръ у купца потонетъ, или отнятъ будетъ непріятелемъ, или сгоритъ, то Владиміръ запрещалъ дѣлать купцу притѣсненія во взысканіи, ибо въ погибели товаровъ властенъ былъ Богъ, а купецъ не участвовалъ. Напротивъ того, если онъ по собственной оплошности и нерадѣнію утратитъ ввѣренный ему товаръ, или пробьетъ его объ закладъ, или повредитъ отъ небреженія, то заимодавцы могли поступать съ нимъ по своей волѣ, отсрочивать

---

(1) Нестор. стр. 39 и 40.
(2) Карамз., Истор. Госуд. Рос. т. II, стр. 163.

платежѣ, или отдавать купца въ неволю (1). *Чужеземному гостю* отдавалось обыкновенно преимущество предъ нашими. Даже, когда онъ отдавалъ свой товаръ въ домъ какому-нибудь купцу, не зная, что онъ должникъ неоплатный, то сей, при первомъ его требованіи, продавался со всѣмъ своимъ имѣніемъ, и полное удовлетвореніе получалъ сперва *гость*, а другимъ заимодавцамъ платился уже послѣ или весь долгъ, или часть его, какъ позволяло количество остальной суммы (2). Тоже правило наблюдалось при казенныхъ искахъ; но въ обоихъ случаяхъ заимодавцы, уже взявшіе съ должника неоднократно ростъ (3), къ раздѣлу остальныхъ денегъ не допускались. Замѣтимъ однако, что въ тогдашнее время не было для купечества ни суда и расправы особенной, ни правъ и обязанностей, отличныхъ предъ другими сословіями; ибо общіе законы рѣшали дѣла его, общія удовлетворенія давались въ тяжбахъ и общія наказанія слѣдовали за преступленіями.

Въ XIII вѣкѣ наступила страшная година бѣдствій для Россіи. Купечество трепетало при видѣ убійствъ и опустошеній, хотя въ послѣдствіи времени и Ханы не препятствовали отправленію торговли. Въ сіе время (въ 1228 г.) замѣчателенъ Договоръ Смоленскаго Князя Мстислава Давидовича съ Готландіею, Ригою и другими городами Нѣмецкими. Изъ него видно, что *гости Рускіе*, нашедъ

(1) Закон. о Рѣзахъ Влад. Моном.
(2) Тамъ же.
(3) Зак. о Рѣз. Влад. Моном.

поруку, не лишались свободы въ случаѣ вины своей, что они удовлетворялись въ долгахъ прежде природныхъ жителей, что не теряли капиталовъ своихъ и тогда, когда ихъ должникъ осуждался закономъ къ лишенію собственности, что, наконецъ, не возвращали платы за товаръ купленный и вынесенный изъ дома ихъ (1).

Едва свергнуто было иго Татарское, — и уже явились на Престолѣ Рускомъ Монархи, великіе по уму Государственному и подвигамъ Геройскимъ: это Іоаннъ III и Іоаннъ IV. Торговля и промышленность нашли въ нихъ ревностныхъ Покровителей. Уже мы видимъ, что ихъ законы въ особенности ограждаютъ личность торговыхъ людей (2), и пошлины съ товаровъ сдѣлались опредѣленнѣе.

Мудрый Царь Алексій Михайловичъ ознаменовалъ свое правленіе изданіемъ общаго *Уложенія* и *Торговаго Устава*, въ коемъ опредѣлены пошлины со всѣхъ товаровъ при покупкѣ оныхъ и продажѣ, при ввозѣ въ Россію и вывозѣ изъ оной; предписаны правила для провоза товаровъ изъ Москвы въ другіе города и изъ другихъ городовъ въ Столицу; установлено повсюду равенство хлѣбныхъ мѣръ вмѣстѣ съ мѣрою протяженностей; положена плата за перевозъ товаровъ чрезъ рѣки въ различное время года; дозволено безденежно ѣздить съ товарами по тѣмъ мѣстамъ и заплотамъ, которые были устроены безъ Царскаго Указа;

---

(1) Примѣч. въ 3 тому И. Г. Р. стр. 157.
(2) См. Законы Вел. Кн. Іоанна III и Ц. Іоанна IV, издан. Гг. Калайдовичемъ и Строевымъ.

повелѣно Таможеннымъ Головамъ и цѣловальникамъ поступать по Указу безъ всякой хитрости, другу не дружить, недругу не мстить и самимъ не корыстоваться подъ страхомъ жестокаго и нещаднаго наказанія (1).

Въ то время купечество раздѣлялось на *гостей*, на *гостинныя* и *суконныя сотни большой*, *средней* и *меньшой статьи* (2). Изъ платы за безчестье можно заключить, что суконная сотня большой статьи пользовалась однѣми правами съ гостинною средней, а суконная сотня средней статьи имѣла однѣ преимущества съ гостинною меньшой. Особенныя Царскія грамматы за *красными печатями* освобождали купцовъ отъ постоя и тягла, если они отличались своими заслугами; подобныя же грамматы давались имъ, когда они за усердную службу производились въ званіе гостя (3). Проѣзжіе купцы могли взыскивать убытки отъ простоя на *вѣрныхъ головахъ* и *цѣловальникахъ*, которымъ препоручалось смотрѣніе за исправностію мостовъ и перевозовъ (4). Въ чужія земли запрещалось ѣздить безъ особенныхъ граматъ, подъ страхомъ тѣлеснаго наказанія (5). Сему же подвергался всякій купецъ, принимавшій на перевозахъ и мытахъ имя служилаго человѣка, котораго вездѣ пропускали свободно (6). Пріѣзжіе купцы, не имѣвшіе въ Москвѣ домовъ, не смѣли нанимать лавокъ, а должны были торговать въ

---

(1) Торгов. Уставъ. 1654 года Окт. 25. — Историческое Описаніе Россійской Коммерціи Чулкова, т. I, стр. 304. (2) Уложенія Гл. X, ст. 94. (3) Улож. Гл. XVIII, ст. 8. (4) Улож. Гл. IX, ст. 13. (5) Улож. Гл. VI, ст. 1 и 4. (6) Улож. Гл. IX, ст. 5.

гостинномъ дворѣ; купленныя же ими лавки обязаны были продавать Москвитянамъ (1); на каменныя лавки давались особенныя грамоты (2). Предъ воскресными днями велѣно было запирать ряды за три часа до вечера, а въ самые воскресные дни ничѣмъ не торговать, кромѣ съѣстныхъ припасовъ и конскаго корма (3).

Однако, не взирая на сіи благодѣтельныя постановленія, купечество Руское, выражаясь словами Петра Великаго, уподоблялось тогда разсыпанной храминѣ. До сего времени никакой Монархъ Россійскій не думалъ соединить торгующихъ людей въ *одно* особенное, *цѣлое сословіе*. Царь Алексій Михайловичь первый предпринялъ такое намѣреніе (4). Онъ повелѣлъ судить купцовъ въ одномъ *Приказѣ*, который служилъ бы имъ защитою и управою отъ притѣсненій Воеводъ, избавлялъ бы отъ волокитствъ по многимъ другимъ Приказамъ, и тѣмъ способствовалъ распространенію торговли и умноженію доходовъ казны государственной (5). Чтобы поддержать цѣну хорошихъ товаровъ, онъ строго запрещалъ иностранцамъ и Рускимъ продавать недобротные и поддѣльные, повелѣвая таковыхъ торговцевъ съ безчестьемъ отсылать съ ярмарокъ (6). Для распространенія торговли въ цѣломъ Государствѣ и для обогащенія каждаго города въ особенности, онъ обязалъ иноземцевъ торговать только съ купцами того мѣста, куда они пріѣдутъ, а съ

---

(1) Улож. Гл. XIX, ст. 34. (2) Улож. Гл. XVIII, ст. 9. (3) Улож. Гл. X, ст. 26. (4) Торгов. Уставъ 1667 года 21 Іюня въ И. О. Р. К. Чулкова, т. I. стр. 457. (5) Торг. Уставъ 1667 Іюня 21, ст. 88, 89. (6) Тамъ же, ст. 45.

иногородными не имѣть никакихъ оборотовъ (1). Чтобы обратить пользу иностранной торговли единственно ко благу своего народа, онъ запретилъ въ своемъ Государствѣ иноземцамъ торговать съ иноземцами (2); чтобы придать болѣе дѣятельности и обширности дѣламъ купцовъ Рускихъ посредствомъ умноженія ходячей монеты, онъ освободилъ иноземцевъ отъ пошлины за ввозъ золотыхъ и ефимковъ и за покупку на оные какихъ-либо товаровъ (3); чтобы наконецъ сосредоточить торговлю въ одномъ купеческомъ сословіи, онъ лишилъ духовенство права имѣть лавки и торговые промыслы, — права, которымъ оно издревле пользовалось въ Россіи ко вреду торгующаго класса (4).

Далѣе мудрый Законодатель предписываетъ (5), какъ поступать съ товарами, если купецъ не желаетъ продать ихъ въ томъ мѣстѣ, гдѣ прежде хотѣлъ и уже сдѣлалъ волю свою гласною; освобождаетъ каждаго въ своемъ городѣ отъ пошлины за покупку товаровъ; повелѣваетъ, какъ и въ первомъ Торговомъ Уставѣ, прежде отправленія товаровъ въ другой городъ, объявлять о томъ въ Таможнѣ, дабы Таможенный Голова, записавъ товары въ отпускную книгу, далъ за своею рукою и печатью выпись или фактуру отпускаемыхъ товаровъ (6). Она, освобождая купца отъ притѣсненій въ городахъ, на пути лежащихъ, отвращала утай-

---

(1) Торговый Уставъ 1667 Іюня 21, ст. 60. (2) Тамъ же, ст. 63. (3) Тамъ же, ст. 72. (4) Новоуказн. статьи 1669 года, ст. 12, 73. (5) Торг. Уст. 1667 Іюня 21, ст. 24, 25. (6) Тамъ же, ст. 27, 28.

ну товаровъ въ Таможнѣ на мѣстѣ назначенія, и обезпечивала выгоды казны, иногда даже увеличивая ихъ, ибо все лишнее противъ фактуры *бралось на Государя*.

Заключимъ царствованіемъ Өеодора Алексіевича древнія права и обязанности нашего купечества, и скажемъ нѣсколько словъ о службѣ торговыхъ людей въ семъ періодѣ. При Царѣ Өеодорѣ положено было также объявлять товары (*) съ подтвержденіемъ нещадно наказывать тѣхъ, которые болѣе одного раза утаятъ оные; и запрещено принимать къ себѣ въ домъ неявленные товары подъ опасеніемъ лишиться самаго дома, доплачивая деньгами недостающую сумму противъ оцѣнки товаровъ.

Что касается до службы Рускихъ купцовъ, то и въ сіи времена она вообще требовала особенно честности. Гости избирались въ *Таможенные Головы*, и до 1659 года были по своему званію выше Дьяковъ; а члены гостинной и другихъ низшихъ сотенъ выбирались въ *цѣловальники* и *ларешные*. Предъ вступленіемъ въ должность они цѣловали крестъ, присягали, что будутъ исполнять въ точности Государевы Указы, усердно радѣть о его пользѣ и не забывать выгодъ торговыхъ людей. Въ нихъ искали болѣе доброй нравственности и прямодушія, — богатство почиталось дѣломъ стороннимъ; ибо симъ Уставомъ повелѣно было поддерживать достойныхъ бѣдныхъ людей изъ купеческаго сословія мірскою помощію. Выборы производились

(*) И. О. Р. К. Чулкова, т. I. стр. 303.

почти чрезъ всякіе три года (1). *Таможенные Приставы* обязаны были вести приходныя и отпускныя книги для товаровъ, повѣрять привозимые товары противъ фактуръ, и выдавать подобныя выписи для отходящихъ, стараться вообще прекращать безпошлинную торговлю, и открывать всякими средствами утайку товаровъ и уменьшеніе цѣны ихъ. За уступку или за излишній сборъ пошлины, они, какъ выше сказано, наказывались безъ всякой пощады. Равнымъ образомъ, если открывалось, что Головы и цѣловальники кружечныхъ дворовъ не радѣли о денежныхъ сборахъ, или сами пользовались ими, или безденежно отпускали вино, пиво и медъ, то подвергались строгому взысканію (2).

Вотъ въ главныхъ чертахъ все, что относится къ Россійскому купечеству до временъ Петра Великаго; вотъ права, которыми оно пользовалось отъ начала X до конца XVII столѣтія!

Теперь послѣдуемъ за полетомъ Генія-Преобразователя Россіи! — Еще никогда въ нашемъ Отечествѣ Царскій вѣнецъ не сіялъ на главѣ достойнѣйшей, еще никогда Государственное кормило не управлялось рукою столь могущественною. Пусть Исторія покажетъ Монарха, который бы не отставалъ отъ Великаго Петра въ Его исполинскомъ шествіи, встрѣчалъ бы съ бо́льшею смѣлостію и славнѣе побѣждалъ ужасы внезапнаго преобразованія народа, восемь почти вѣковъ коренѣвшаго въ первобытныхъ нравахъ сво-

---

(1) И. О. Р. К. Чулкова, т. I, стр. 384 (2) Тамъ же, стр. 390.

ихъ, восемь почти вѣковъ не имѣвшаго и слуха объ измѣненіи оныхъ! Какой надлежало имѣть духъ, какую твердость, великодушіе, чтобы посягнуть на подвигъ необычайный въ лѣтописяхъ міра, и преступный въ глазахъ Россіянъ того времени? — Одного удивленія къ Петру Великому недостаточно. Онъ началъ все, что было должно; а Преемникамъ оставилъ славу довершать труды Свои.

Взоръ Державнаго Генія легко открываетъ предметы, скрывающіеся отъ глазъ обыкновенныхъ Правителей. Едва вступивши на Престолъ, Петръ Великій увидѣлъ необходимость просвѣтить народъ свой, основать морскую силу, даровать купечеству новое бытіе и привести въ цвѣтущее состояніе торговлю, мануфактуры и фабрики. Мы видѣли, что еще Царь Алексій Михайловичь, желая улучшить состояніе купцовъ, повелѣлъ имъ судиться въ одномъ Приказѣ; но сей Приказъ не былъ назначенъ исключительно для однѣхъ торговыхъ дѣлъ, которыя были не главными для него занятіями. Петръ Великій совершенно отдѣлилъ торговую часть отъ другихъ частей судопроизводства и преобразовалъ купечество по примѣру Европейскихъ народовъ. *Главный Магистратъ*, основанный имъ въ С. Петербургѣ, былъ средоточіемъ всѣхъ дѣлъ торговыхъ. Онъ учредилъ во всѣхъ Россійскихъ городахъ *низшіе Магистраты*, даровалъ онымъ Уставы, наблюдалъ за исполненіемъ правосудія между купцами, заводилъ *Ратуши*, старался о размноженіи *Мануфактурныхъ заведеній* и *ярмарокъ*, объ установленіи *биржъ* и введеніи *маклеровъ*. Члены въ Магистратъ выбирались изъ купцовъ, извѣстныхъ своимъ богатствомъ и знаніями, и за усердную службу производились въ *Дворяне*.

Петръ Великій уничтожилъ раздѣленіе торгующаго класса на сотни, и учредилъ сперва *двѣ гильдіи*, причисливъ къ первой банкировъ, знатныхъ купцовъ, отправляющихъ обширную торговлю внутри и внѣ Государства, городскихъ Докторовъ, аптекарей, лѣкарей, шкиперовъ кораблей купеческихъ, золотарей, серебренниковъ, иконниковъ и живописцевъ; а ко второй всѣхъ мѣлочныхъ торговцевъ и ремесленниковъ (1). Но послѣ прибавилась еще *одна* гильдія, къ которой относились всѣ люди, находившіеся въ услуженіи и въ черныхъ работахъ (2).

Всѣ дѣла купцовъ, кромѣ государственныхъ преступленій, рѣшались въ Главномъ Магистратѣ, и однѣ только уголовныя дѣла пересылались въ оный изъ Городовыхъ Магистратовъ (3).

Другое судебное мѣсто, *Мануфактуръ-Коллегія*, завѣдывала обработывающею промышленностію; подъ непосредственнымъ ея надзоромъ находились всѣ мануфактуры и заводы въ Россіи (4). Петръ Великій дозволилъ учреждать сіи заведенія всякому съ достаточнымъ капиталомъ, и въ нуждѣ требовать помощи отъ Коллегіи (5); въ продолженіи нѣсколькихъ лѣтъ покупать безпошлинно необходимые матеріалы и продавать свои фабрикаты (6); освободилъ отъ

---

(1) Реглам. Главн. Магистр. 1721 г. Генв. 16. (2) Инструкція всѣмъ Магистр. 1724 г. (3) Рег. Гл. Маг. (4) Реглам. Мануф. Кол. 1723 г. Дек. 3. пункт. 1. (5) Тамъ же, пункт. 7. (6) Тамъ же, пункт. 11.

всякой службы мануфактуристовъ съ товарищами, дѣтьми и братьями, живущими съ ними въ одномъ домѣ, распространивъ сію свободу на ихъ прикащиковъ, мастеровъ и учениковъ (1); повелѣлъ судить ихъ въ Мануфактуръ-Коллегіи по всѣмъ дѣламъ, кромѣ государственныхъ и уголовныхъ; даровалъ право покупать къ мануфактурамъ и заводамъ деревни (2); обязалъ мануфактуристовъ ежегодно доставлять въ Коллегію образцы ихъ издѣлій (3), и стараться о разведеніи красильныхъ матеріаловъ (4); назначилъ, наконецъ, тому, кто изобрѣтетъ легкія средства къ прибыли государственной, давать ежегодно $\frac{1}{3}$ или $\frac{1}{4}$ изъ оной (5).

Важнѣйшій родъ промышленности — торговля, какъ морская, такъ и сухопутная, какъ внутренняя, такъ и внѣшняя, находилась въ сіе время подъ вѣдѣніемъ *Коммерцъ-Коллегіи* со всѣми своими пошлинами и таможенными дѣлами (6).

Коммерцъ-Коллегія старалась вообще о распространеніи знанія торговыхъ дѣлъ, надзирала надъ обученіемъ Коммерціи опредѣленнаго числа дворянскихъ дѣтей, и поперемѣнно посылала для упражненія на извѣстнѣйшія Конторы въ чужіе краи по 15-ти, а въ Ригу и Ревель по 20-ти человѣкъ дѣтей купеческихъ. Молодые люди, возвратясь домой, обязаны были сообщать другимъ познанія, ими пріобрѣтенныя (7).

---

(1) Реглам. Мануф. Кол. 1723 г. Дек. 3. пункт. 13. (2) Тамъ же, пункт. 17 и Указъ 1 Февр. 1721 г. (3) Рег. Гл. Маг. пункт. 19. (4) Тамъ же, пункт. 20. (5) Указъ 1722, Ноябр. 6. (6) Регл. Коммер. Кол. 1724 г. Генв. 31, пункт. 1 и 8. (7) Указъ 1723 г. Ноябр. 6.

Благотворная страсть Великаго Монарха к распространенію мореплаванія, питаемая благомъ и славою народа, Ему подвластнаго, обнаруживается во многихъ чертахъ. Такимъ образомъ Онъ дозволилъ купцамъ безпошлинно строить корабли, какъ для себя, такъ и на продажу, даровалъ право свободно отпускать ихъ за границу, и покупать ближній лѣсъ для постройки оныхъ (1). Онъ освободилъ отъ пошлины купцовъ, которые изъ чужихъ земель привозили товаровъ на такую же сумму, на какую вывезли изъ своего Отечества, и повелѣлъ за товары, отправляемые Рускими купцами въ иностранныя Государства, брать пошлины въ половину противъ чужеземныхъ (2).

Замѣтимъ, что удобнѣйшее средство къ облегченію торговыхъ оборотовъ, къ тѣснѣйшей связи купечества, къ сохраненію общей довѣренности и къ удержанію звонкой монеты въ Отечествѣ — не обратило на себя особеннаго вниманія Петра Великаго. Однако сей недостатокъ былъ скоро вознагражденъ Преемникомъ престола мудрой Супруги Его, Петромъ II, который начерталъ первый *Вексельный Уставъ* въ Россіи (3), и тѣмъ пріобрѣлъ право на вѣчную благодарность нашего купечества.

Морская торговля нашла Покровительницу въ Особѣ Анны Іоанновны. *Морской Пошлинной Уставъ*, ознаменовавшій начало Ея правленія, служитъ новымъ доказательствомъ мудрости безсмертнаго Преобразователя Россіи,

---

(1) Указъ 31 Генв. 1724 г. (2) Указъ 10 Ноябр. 1720 г. (3) Указъ 16 Маія 1729 г.

ибо во многомъ сходенъ съ Морскимъ Уставомъ, начертаннымъ въ 1720 году. Кромѣ правилъ, которыя должно наблюдать по прибытіи корабля въ гавань, въ Уставѣ Анны находимъ благоразумныя и строгія мѣры къ удержанію купцовъ отъ уменьшенія цѣны на товары (1). Правительство прилагаетъ особенное попеченіе о товарахъ, коихъ хозяева находятся въ неизвѣстности; оно старается отыскать ихъ и справедливо наказываетъ безпечныхъ (2). Наконецъ въ семъ Уставѣ назначена пошлина съ Россійскихъ подданныхъ, производящихъ морскую торговлю; пошлина, вообще болѣе благопріятствовавшая вывозу нашихъ товаровъ, нежели привозу чужестранныхъ (3), и опредѣлены наказанія для тѣхъ купцовъ, которые подъ своимъ именемъ будутъ отправлять товары иноземцевъ, или брать подъ свое имя ихъ корабли (4).

Сравнивъ законы, покровительствовавшіе нашему купечеству въ теченіи осьми вѣковъ, съ законами, начертанными Петромъ Первымъ и Преемниками Его Престола до Екатерины Великой, не льзя не остановиться при видѣ могущественныхъ дѣйствій просвѣщенія. Давно ли законъ повелѣвалъ терзать несчастнаго, когда онъ, будучи увлеченъ скупостію, скрывалъ отъ осмотра часть своихъ богатствъ, или унижалъ ихъ достоинство? Давно ли продажа растѣнія полезнаго во многихъ отношеніяхъ, почиталась

---

(1) Морск. Пошлин. Устав. 1731. г., пункт. 38. (2) Тамъ же, пункт. 32. (3) Тамъ же, Гл. V. (4) Тамъ же, пункт. 95 и 96.

преступленіемъ, достойнымъ казни? Давно ли никто не могъ безъ ужаса, безъ отвращенія помыслить о путешествіи въ чужія страны, хотя бы и личныя выгоды того требовали? — И вдругъ, что же видимъ! Юные купцы наши спѣшатъ совершенствоваться въ торговомъ дѣлѣ за предѣлами Отечества; свободно торгуютъ товарами, коихъ одно названіе прежде приводило всѣхъ въ трепетъ; утаенные товары просто конфискуются, не подвергая личности купца никакой опасности; самая смертная казнь останавливается просвѣщеннымъ великодушіемъ, уступая свое мѣсто политической смерти. Благословимъ память Монарховъ, которыхъ мудрая прозорливость предуготовила купечеству новое блистательное поприще!

Провидѣніе избрало для сего Екатерину Великую. Какія чувства наполнятъ при семъ душу того, кто обязанъ Ей возвышеніемъ своего гражданскаго достоинства, кто получилъ отъ Нея всѣ права, какія только мудрость Монархини могла даровать для блага Ея подданныхъ, кто слышитъ, наконецъ, кроткій гласъ Ея, *въ залогъ милости и благоволенія*, изъявляющій волю *на вѣки непоколебимо подтвердить выгоды и преимущества, ему дарованныя* (*)! Безмолвный отъ избытка чувствъ повергнется онъ къ престолу Всевышняго, пославшаго Екатерину для устроенія благополучія его согражданъ, и въ благодарныхъ слезахъ изліетъ неизъяснимыя ощущенія сердца.

(*). Город. Полож. 1785 г. Апр. 21.

23й Годъ царствованія Екатерины Великія не долженъ выходить изъ памяти Россійскаго купечества; — тогда явилось *Городовое Положеніе*, утвердившее политическое бытіе сего сословія. Съ сего-то положенія начнемъ мы третій періодъ правъ и обязанностей Россійскаго купечества.

Размноженіе городовъ требовало для своего успѣха такихъ постановленій, которыя своимъ благотворнымъ вліяніемъ льстили бы и личной выгодѣ гражданъ. Какой же гражданинъ не почувствуетъ всю цѣну тѣхъ благодѣтельныхъ постановленій, которыя за небольшое возмездіе (1), сохраняютъ его законную собственность (2), ограждаютъ его отъ руки сильнаго (3), помогаютъ ему въ нуждахъ (4), защищаютъ его промыслы, и подкрѣпляя ихъ правилами благочинія (5), дозволяютъ ему устроивать мѣста для храненія и продажи товаровъ (6), развозить оные повсюду сухимъ путемъ и водою, облегчаютъ наконецъ его содержаніе (7), и предоставляютъ многоразличные способы къ пріобрѣтенію богатства (8)? Такъ полагала Екатерина, и множество городовъ, возникшихъ подъ Ея скипетромъ, доказали мудрость сего Положенія.

Общая польза купечества требовала, чтобы оно не оставалось безъ главы: имѣло бы своихъ представителей въ судебныхъ мѣстахъ и, по временамъ, совѣщанія о сво-

---

(1) Город. Полож. 1785 г. Апр. 21, ст. 6. (2) Тамъ же, ст. 4. (3) Тамъ же, ст. 7. (4) Тамъ же, ст. 8. (5) Тамъ же, ст. 16. (6) Тамъ же, ст. 20. (7) Тамъ же, ст. 23. (8) Тамъ же, ст. 25, 26, 27.

ихъ нуждахъ. Екатерина дозволила обывателямъ каждаго города, собираться всякіе три года въ особенномъ *Городскомъ домѣ* (1), и составлять изъ среды себя *Градское Общество* (2); даровала сему обществу право представлять Начальнику Губерніи о своихъ нуждахъ и пользахъ (3), запретивъ дѣлать положенія и требованія, противныя законамъ (4); уполномочила его исключать изъ среды себя гражданина, опороченнаго судомъ, или извѣстнаго по своимъ порокамъ (5), и оградила честь общества мудрымъ изреченіемъ: *да не взыщется на Обществѣ Градскомъ личное преступленіе гражданина* (6); придала значительной вѣсъ его достоинству, сказавъ: *Общество Градское на судъ да не предстанетъ, но да защищается своимъ стряпчимъ* (7), и наконецъ повелѣла ему составить городовую обывательскую книгу съ благимъ намѣреніемъ: *дабы доставить гражданину свое достояніе отъ отца къ сыну, внуку, правнуку и ихъ наслѣдію* (8). Доказательства состоянія городовыхъ обывателей, говоритъ Великая Законодательница, многочисленны, и болѣе зависятъ отъ правосуднаго разсмотрѣнія и непристрастнаго испытанія, нежели отъ предписаній. Ясность и простота 25ти родовъ доказательствъ, Ею изчисленныхъ, свидѣтельствуютъ о глубокомъ изобрѣтательномъ умѣ Ея вмѣстѣ съ желаніемъ, доставить гражданамъ легчайшій способъ, утвердить свое состояніе (9).

---

(1) Город. Полож. ст. 39. (2) Тамъ же, ст. 29. (3) Тамъ же, ст. 30. (4) Тамъ же, ст. 37. (5) Тамъ же, ст. 52. (6) Тамъ же, ст. 43. (7) Тамъ же, ст. 44. (8) Тамъ же, ст. 53. (9) Тамъ же, ст. 78.

Послѣ сего личныя выгоды средняго состоянія естественнымъ образомъ предстали на судъ Монархини. Да будетъ, вѣщала Премудрая, достоинство мѣщанина наслѣдственнымъ (1), да не лишится мѣщанинъ безъ суда мѣщанскаго ни добраго имени, ни жизни, ни имущества своего (2), да не дерзнетъ никто безъ суда отобрать у него самовольно имѣніе, или разорять оное (3), да располагаетъ мѣщанинъ благопріобрѣтеннымъ имѣніемъ по волѣ своей, и наслѣдственнымъ по закону (4), да предадутся вѣчному забвенію всѣ его преступленія, въ теченіи десяти лѣтъ не сдѣлавшіяся гласными (5), да занимается онъ свободно рукодѣліями и промыслами (6), и да преслѣдуетъ закон того, кто словомъ или письмомъ оскорбитъ его самаго, жену его, или дѣтей обоего пола и всякаго возраста (7).

Опредѣливъ такимъ образомъ общія права средняго состоянія, могла ли Екатерина II оставить безъ вниманія *раздѣленіе* гражданъ, учиненное Петромъ Великимъ? Его *три гильдіи* удержаны, но видъ совершенно измѣненъ. Уже не отъ силы закона зависитъ мѣсто, которое гражданинъ долженъ занимать въ гильдіяхъ, но отъ воли самаго гражданина; не званіемъ ограничивается вступленіе въ гильдіи, но капиталомъ, котораго объявленіе оставляется на совѣсть каждаго, при запрещеніи доносить и изслѣдовать объ утайкѣ (8). Довольно было объявить за собою въ надлежащій срокъ отъ одной до 50ти тысячь рублей, чтобы занимать мѣсто въ какой-нибудь изъ трехъ гильдій. Платя

---

(1) Город. Полож. ст. 81, 82, 83. (2) Тамъ же, ст. 84, 85. (3) Тамъ же, ст. 87. (4) Тамъ же, ст. 88. (5) Тамъ же, ст. 89. (6) Тамъ же, ст. 90. (7) Тамъ же, ст. 91. (8) Тамъ же, ст. 97.

по одному проценту съ объявленнаго капитала, записавшійся свободенъ отъ подушнаго оклада (1). Его неотдѣленныя дѣти, особо не платятъ ничего при его жизни, и даже по смерти его, пока живутъ безъ раздѣла, продолжаютъ платить только съ родительскаго капитала (2). Записавшимся въ гильдіи дозволялось вмѣсто наличнаго рекрута вносить опредѣленную сумму денегъ (3), и вступать въ подряды и откупы съ освобожденіемъ отъ нѣкоторыхъ службъ казенныхъ (4).

Капиталъ, служа основою гильдій, опредѣляетъ различіе между оными и выгоды, съ тою или другою соединенныя. Въ первую гильдію имѣли право вступать всѣ, объявлявшіе отъ 10 до 50ти тысячь рублей капитала (5), во вторую отъ 5 до 10ти тыс. (6), въ третью отъ 1 до 5ти тыс. (7). Купцамъ первой гильдіи позволялось производить всякую торговлю внутри и внѣ Имперіи, выписывать товары, отпускать за море и имѣть всякія мореходныя суда (8); торговля второй гильдіи ограничивалась предѣлами своего Государства (9), а мѣлочной торгъ третьей гильдіи городомъ и его уѣздомъ (10). Купцы двухъ высшихъ гильдій могли имѣть фабрики, заводы и всякія рѣчныя суда (11). Третья гильдія довольствовалась заведеніемъ становъ, производствомъ рукодѣлій, содержаніемъ малыхъ рѣчныхъ судовъ,

---

(1) Город. Полож. ст. 92, 93. (2) Тамъ же, ст. 94, 95. (3) Тамъ же, ст. 99. (4) Тамъ же, ст. 100, 101. (5) Тамъ же, ст. 102. (6) Тамъ же, ст. 108. (7) Тамъ же, ст. 114. (8) Тамъ же, ст. 104. (9) Тамъ же, ст. 110. (10) Тамъ же, ст. 116. (11) Тамъ же, ст. 105, 111.

шрактировъ, герберговъ, торговыхъ бань и постоялыхъ дворовъ (1). Свободное вступленіе во всѣ гильдіи открыто также для цѣховыхъ (2); а въ цѣхи записывался всякой, кто по Городовому Положенію могъ быть причисленъ къ среднему состоянію (3).

Именитые граждане обязаны Екатеринѣ бытіемъ своимъ и правами (4). Это былъ высшій классъ купечества. Онъ, подобно двумъ первымъ гильдіямъ, свободенъ отъ тѣлеснаго наказанія и имѣетъ право содержать фабрики и заводы, и всякія морскія и рѣчныя суда. Сверхъ того старшему изъ внучатъ именитыхъ гражданъ, при безпорочномъ поведеніи его дѣда и отца, дозволено просить Дворянства, если онъ достигъ 30ти лѣтняго возраста и всегда отличался похвальнымъ поведеніемъ (5).

Постановленіе о *Городовыхъ доходахъ* и *Городской Шестигласной Думѣ* заключаетъ Городовое Положеніе, которое одно могло бы предать безсмертію Имя Екатерины Премудрой.

Ознаменовавъ симъ памятникомъ бытіе купечества въ составѣ Государственномъ, Она предоставила Вѣнценосному Преемнику Ея Престола соорудить для него другой памятникъ, сдѣлавшійся необходимымъ.

---

(1) Город. Полож. ст. 117, 118. (2) Тамъ же, ст. 121. (3) Тамъ же, ст. 120. (4) Тамъ же, ст. 132. (5) Тамъ же, ст. 135, 136, 137.

Часто непредвидѣнные случаи разстроиваютъ состояніе торговыхъ людей, извѣстныхъ своею честностію, благоразуміемъ и осторожностію; изъ достатка повергаютъ ихъ въ бѣдность и, къ большему несчастію, лишаютъ довѣренности, если не общей, то по крайней мѣрѣ тѣхъ людей, съ которыми они находились въ торговыхъ связяхъ. Часто враги торговаго общества, опасные эгоисты, для которыхъ нѣтъ ничего непозволеннаго, когда дѣло коснется до личныхъ выгодъ, умышленно объявляютъ о своемъ упадкѣ, доказывая его со всею достовѣрностію, какую только злоумышленный изобрѣсть можетъ.

Въ обоихъ сихъ случаяхъ слѣдствія могутъ сдѣлаться пагубными, но важнѣйшимъ должна почитаться потеря довѣренности, соединяющей членовъ торгующаго сословія. Неизбѣжное подозрѣніе удалитъ ихъ другъ отъ друга и нарушитъ согласіе цѣлаго общества. Съ уничтоженіемъ слова *долгъ* всѣ роды промышленности остановятся въ ходу своемъ, векселя и прочія долговыя обязательства сдѣлаются безполезными, и всякъ будетъ требовать наличнаго капитала. Цѣнность денегъ возвысится, и общій кредитъ въ Государствѣ уменьшится.

Наши предки знали всю важность довѣренности, соединяющей людей торговыхъ, и старались ее поддерживать. Мы уже упоминали о законахъ Мономаха относительно должниковъ. Иногда имъ давался срокъ для уплаты, иногда ихъ продавали со всѣмъ имуществомъ, а иногда выдавали головою заимодавцу въ полное его распоряженіе. Въ то же время, къ ужасу должниковъ, явился *правежъ* и преслѣдовалъ ихъ даже въ XVIII столѣтіи. Наконецъ, Императоръ Павелъ I обратилъ вниманіе на сію важную часть въ дѣлахъ торговыхъ, и издалъ *Банкротскій Уставъ* (1), гдѣ кредиторы, сколько возможно, обезпечиваются со стороны обанкрутившихся должниковъ, даже и послѣ ихъ смерти, — гдѣ самые банкроты различаются другъ отъ друга, смотря по причинамъ разстройства ихъ состоянія, — гдѣ находится много постановленій въ пользу разстроившихся, и означенъ для нихъ способъ, предохранять себя отъ банкротства.

Благословенный Александръ, котораго Имя дотолѣ не престанетъ гремѣть во вселенной, доколѣ существуетъ добродѣтель, желая *пролить духъ жизни и дѣйствія во всѣ отрасли торговли и промысловъ*, торжественно возстановилъ *Городовое Положеніе* Премудрой Екатерины, повелѣлъ признавать его однимъ изъ главныхъ, непреложныхъ и неприкосновенныхъ Государственныхъ постановленій, и отмѣнилъ все, что было издано въ противность оному, или несообразно съ его цѣлію (2). Онъ ознаменовалъ новымъ памятникомъ бытіе купечества въ составѣ Государственномъ; и общими почестями, общимъ возвышеніемъ почтилъ имя и ободрилъ духъ сего сословія. Онъ желалъ вести его къ преобладанію во внѣшней торговлѣ (3); отличилъ дѣйствительнаго купца отъ простыхъ торговцевъ; далъ начало *первостатейнымъ* (4)

---

1) Указъ 1800 г. Дек. 19. (2) Указъ 1801 г. Апр. 2. (3) Указъ 1807 г. Генвар. 1. статья 1. (4) Тамъ же, ст. 15.

или *негоціантамъ* (1) съ правомъ пріѣзжать въ Высочайшему Двору, и носить шпаги и сабли. Онъ дозволилъ имѣть *бархатную книгу* въ память знатныхъ родовъ купеческихъ и на вѣчныя времена избавилъ сіе сословіе отъ рекрутскихъ повинностей (2).

Нынѣ первая гильдія, сверхъ правъ, дарованныхъ ей Екатериною Великою, можетъ имѣть Страховыя конторы и мѣста, гдѣ складывать и продавать оптомъ свои товары; можетъ заниматься банкирскими дѣлами, на всякую сумму входить въ подряды и откупы, и заключать частные контракты и условія (3). Пробывъ 12 лѣтъ сряду въ сей гильдіи, купцы имѣютъ право на званіе Коммерціи Совѣтниковъ и за отличныя заслуги награждаются орденами (4). Вообще купечество 1й гильдіи не почитается податнымъ состояніемъ, но составляетъ особый классъ почетныхъ людей въ Государствѣ (5).

Торговля купцовъ 2й гильдіи уже не ограничивается предѣлами Государства: кругъ ея дѣятельности выходитъ теперь за оные, и 300 тыс. руб. назначены сей гильдіи для ежегоднаго внѣшняго оборота. Однако на имя купца 2й гильдіи можно привозить въ одномъ корабельномъ грузѣ не болѣе, какъ на 50 тыс. рублей., и, сверхъ сей суммы онъ не въ правѣ входить въ подряды и откупы (6).

Въ 3й гильдіи сіи предметы не должны превышать 20 тыс. рублей. Купцамъ сей гильдіи позволено имѣть

---

(1) Дополн. Пост. объ Устр. Гильд. 1824 г. Декабр. 17, § 21. (2) Указъ 1807 г. Генв. 1. стат. 17. (3) Дополн. Пост. объ Устр. Гильд. 1824 г. Дек. 17, § 1. (4—6) Тамъ же §§ 23, 24, 28.

корабли для купцовъ, торгующихъ за границею, и нѣкоторыя фабрики и заводы съ опредѣленнымъ числомъ работниковъ; не запрещается торговать и въ другихъ городахъ, исполнивъ сдѣланныя на сей случай постановленія (1).

Всякому купцу дозволено переводить свой благопріобрѣтенный капиталъ при жизни своей кому-либо изъ дѣтей, или родственниковъ (2). Членъ купеческаго семейства можетъ дѣйствовать по довѣренности начальника онаго, только на правѣ прикащика, и не имѣетъ безъ сей довѣренности права обязываться векселями (3).

Служба Рускихъ купцовъ въ семъ періодѣ совершенно измѣнилась. Изъ должностей, которыя они занимали во времена Петра Перваго, удержаны только двѣ, *Бургомистра* и *Ратмана*. Его *Президенты* въ Магистратахъ носятъ теперь имя *Градскихъ Головъ*. Цѣль новыхъ судебныхъ мѣстъ требовала новыхъ чиновниковъ. Явились *Засѣдатели отъ купечества* въ Палатахъ, Совѣстныхъ Судахъ и Приказахъ Общественнаго Призрѣнія. Купцы приняли должности *Директоровъ въ Коммерческихъ Банкахъ* и ихъ *Конторахъ*, *Депутатовъ торговли* и *Церковныхъ старостъ*. *Градскіе старосты, Члены Шестигласной Думы* и *Депутаты* при разныхъ мѣстахъ избираются также изъ сего сословія (4).

Подати и пошлины, нынѣ взимаемыя съ купечества, за исключеніемъ нѣкоторыхъ, никакого не имѣютъ сходства съ тѣми, которыя взимались прежде. При Петрѣ Великомъ Руское купечество возраждалось, при Екатеринѣ Второй

(1—3) Дополн. Пост. объ Устр. Гильд. §§ 5, 7, 46, 50, 52. (4) Учрежд о Губерн., Город. Полож. и Допол. Пост. объ Устр. Гильд.

получило уже бытіе политическое, при Александрѣ Благословенномъ украсилось новыми почестями и отличіями. Прежде мы не видѣли ни податей гильдейскихъ, ни земскихъ и городскихъ повинностей (1). Пошлина для водяныхъ и сухопутныхъ сообщеній (2) была, но въ другомъ видѣ. Тарифы существовали. Древность ничего не упоминаетъ о свидѣтельствахъ на право торговли, необходимыхъ нынѣ для купечества (3). Въ наказаніяхъ за тайный ввозъ товаровъ (4) видно нѣкоторое сходство съ законами Царя Алексія Михайловича.

Такимъ образомъ изъяснивъ кратко права и обязанности Рускаго купечества отъ начала его до настоящаго времени, обратимъ признательные взоры къ Преемнику Благословеннаго Александра, запечатлѣвшаго толикими благодѣяніями Свою высокую любовь къ купечеству! Будемъ ожидать самыхъ счастливыхъ послѣдствій отъ мудрыхъ попеченій Его: *положить общественному кредиту прочное основаніе, и преподать всѣ способы къ утвержденію должнаго общественнаго довѣрія* (5).

И такъ, П. Посѣтители, принесемъ благоговѣйную признательность Мудрому и Правосудному МОНАРХУ нашему! Чье сердце не запечатлѣло священныхъ словъ Его: »*Мы не имѣемъ, не можемъ имѣть другихъ желаній, какъ видѣть Отечество наше на самой высшей степени счастія и славы, Провидѣніемъ ему предопредѣленной* (6).«

(1—3) Дополн. Пост. объ Устр. Гильд. § 36. (4) Указъ 1824 г. Апрѣл. 16. (5) Высоч. Рескр. 1827 г. Маія 4. (6) Маниф. 1826 г. Іюля 13.

Краткое обозрѣніе торговли древнихъ народовъ (*).

Что можетъ быть отраднѣй и сладостнѣе для юношей, идущихъ по пути просвѣщенія, какъ слышать одобрительные отзывы людей образованныхъ? Что можетъ быть полезнѣе тѣхъ благихъ совѣтовъ, той предусмотрительной, богатой примѣрами опытности, кои внушаютъ дѣтямъ глубокомысленные наблюдатели свѣта и дѣяній человѣческихъ? — И кто же, руководимый наставленіями и живымъ примѣромъ таковыхъ мужей, — кто не пожелаетъ быть дѣятельнымъ на поприщѣ своей жизни, кто не устремится со всею пылкостію ума и юношескою крѣпостію силъ, достигнуть предположенной себѣ цѣли? — Таковыя то чувства, П. П.! одушевляютъ и насъ въ сіи торжественныя минуты, при воззрѣніи на достопочтенное собраніе Любителей просвѣщенія, удостоившихъ своимъ присутствіемъ сіе Училище. Заключая нынѣ годичныя занятія, мы осмѣливаемся представить Вамъ опыты трудовъ своихъ; — чувствуемъ, что они еще далеки отъ возможнаго совершенства, что они въ самомъ дѣлѣ не иное что, какъ только опыты или плоды незрѣлыхъ дарованій и незрѣлыхъ лѣтъ; — но Ваше снисхожденіе и благосклонное вниманіе, П. П.! составляютъ для насъ единственную, пріятнѣйшую надежду!... Счастливыми почтемъ себя, если удостоимся обратить Ваше вниманіе на успѣхи воспитывающагося здѣсь юношества, если здѣсь — предъ Священнымъ изобра-

---

(*) Разсужденіе, читанное на публ. испытаніи, 6 Іюля, 1826 г.

женіемъ Твоимъ, Всемилостивѣйшая Государыня и Августѣйшая Покровительница наша, здѣсь — предъ лицемъ Знаменитыхъ Мужей, украшающихъ своимъ присутствіемъ наше торжество, предъ лицемъ Начальства, Благотворителей, Наставниковъ и Родителей нашихъ, — возможемъ сколько-нибудь оправдать ожиданія Ваши, П. П! и услышать отеческое поощреніе къ дальнѣйшимъ успѣхамъ!

Исполненный сихъ сладостнѣйшихъ надеждъ, пріемлю смѣлость предложить благосклонному вниманію Вашему *краткое обозрѣніе торговли древнихъ народовъ*, и испрашиваю снисхожденія къ тѣмъ несовершенствамъ, кои могутъ быть замѣчены въ изложеніи о семъ предметѣ.

Смѣло, кажется, можно сказать, что начало торговли почти современно бытію міра. Первые люди, чувствуя во многомъ необходимость, должны были трудиться, и одаренные весьма различными склонностями и способностями, они не могли безъ взаимной помощи удовлетворять своимъ нуждамъ, что и почитаютъ причиною происхожденія торговли. Нѣтъ сомнѣнія, что Каинъ, земледѣлецъ, удѣлялъ брату своему Авелю часть земныхъ плодовъ для его пищи, Авель же, съ своей стороны, какъ занимавшійся скотоводствомъ, снабжалъ Каина произведеніями онаго; и сія обоюдная мѣна можетъ уже быть принята за нѣкоторый родъ *торговли*, существовавшей въ отдаленнѣйшей древности. Чтобы укрыться отъ свирѣпства стихій, люди начали строить шалаши, и при сей работѣ, вѣроятно, также происходило взаимство. Хотя въ послѣдствіи времени появившіяся уже многія ремесла и художества пріуготовляли распространеніе торговли; но въ первобытныя времена, когда желанія и нужды людей заключались въ тѣснѣйшихъ предѣлахъ, она состояла только въ простомъ *обмѣнѣ* необходимыхъ вещей. Одинъ другому удѣлялъ отъ своей собственности, не соразмѣряя строго количества промѣниваемыхъ предметовъ, каковое неравенство наконецъ подало поводъ къ изобрѣтенію *мѣръ* и *вѣсовъ*, а частая мѣна опредѣлила мало по малу вещамъ взаимную *цѣну*. Когда же, по мѣрѣ распространенія человѣческаго рода, умножились естественныя и художественныя произведенія, особливо послѣднія, чрезъ новыя изобрѣтенія, то въ *мѣновомъ торгѣ* начали встрѣчать многія неудобства.

Первое и главнѣйшее состояло въ томъ, что многіе не скоро находили такихъ людей, которые, взявъ отъ нихъ для себя нужныя произведенія, могли бы на обмѣнъ доставить и для нихъ потребныя. Второе происходило отъ того, что при взаимной мѣнѣ одной вещи на другую, оныя не всегда были равноцѣнны. — И такъ, отъ перваго неудобства произошли *торжища* или *рынки*, куда всякой приносилъ избытокъ своихъ естественныхъ и художественныхъ произведеній, за которыя получалъ нужное для себя. — Второе же, или лучше сказать, оба помянутыя неудобства вмѣстѣ побудили людей къ изысканію такой вещи, которая бы съ постоянною точностію опредѣляла внутреннее достоинство промѣниваемыхъ произведеній, и за которую всегда бы можно было получить желаемое. — Оказалось, что металлы къ тому были всего способнѣе по ихъ неизмѣняемости. Сначала они употреблялись въ большихъ и притомъ неравныхъ кускахъ или слиткахъ, и достоинство ихъ, въ отношеніи къ другимъ вещамъ, опредѣлялось единственно вѣсомъ. Когда же и въ этомъ нашли неудобство, тогда начали раздроблять ихъ на малые куски извѣстнаго уже вѣса, и дѣлать на нихъ различные знаки для показанія цѣны каждаго куска. Сіи куски металловъ извѣстны стали подъ именемъ *денегъ*. Хотя не льзя въ точности опредѣлить, какой изъ металловъ къ сему прежде прочихъ былъ употребленъ и когда именно началось обращеніе денегъ; но по крайней мѣрѣ вообще можно сказать, что опредѣленный вѣсъ и цѣна оныхъ весьма древни. Первый примѣръ этому мы видимъ въ Св. Писаніи, когда говорится, что »Авраамъ далъ 400 дидрахмъ серебра Ефрону за покупку унего земли (*).« — И такимъ образомъ отъ обыкновенія отвѣшивать, или отщитывать деньги за купленныя вещи, произошелъ вторый родъ торговли — *покупной торгъ*, слѣдовъ коего до потопа нигдѣ не видно.

Послѣ потопа воспослѣдовало разсѣяніе народовъ по лицу земли, и торговля сдѣлалась тогда болѣе затруднительною и болѣе необходимою. Народы, вышедшіе изъ своего отечества и поселившіеся въ другихъ странахъ, не нашли тамъ тѣхъ удобствъ жизни, которыми въ немъ

(*) *Быт.* глав. XXIII, ст. 16.

пользовались. Тогда они начали заимствовать нужное для себя у другихъ племенъ, и, вѣроятно, сперва у сосѣдственныхъ. Потомъ, когда люди посредствомъ торговли стали удовлетворять не только нуждамъ, но и прихотямъ своимъ, тогда она распространилась и въ отдаленнѣйшія земли. И такимъ образомъ произошла третья отрасль торговли, подъ которою мы разумѣемъ *заграничный* или *иностранный торгъ*.

Исмаильтяне, которымъ былъ проданъ Іосифъ братьями своими, почитаются въ Св. Писаніи первыми купцами. Торговля ихъ состояла въ отправленіи въ Египетъ каравановъ съ разными кореньями и благовонными смолами. Это можно видѣть изъ словъ братьевъ Іосифовыхъ: »*И се путницы Исмаильтяне идяху отъ Галаада, и велблюды ихъ полни ѳиміама, и ритины, и стакти: идяху же везуще во Египетъ* (*).«

Послѣ Исмаильтянъ *Ассѵріяне* и *Египтяне*, какъ древнѣйшіе народы, первые заслуживаютъ наше вниманіе. Безчисленныя сокровища Семирамиды, которыхъ не льзя было собрать въ короткое время, свидѣтельствуютъ о цвѣтущей торговлѣ Ассѵріянъ.

Что жъ касается до Египтянъ, то положеніе ихъ земли было весьма выгодно для торговли. »Но, говоритъ Монтескьё, Египетъ, недопускаемый вѣрою и нравами до сообщенія съ чужестранцами, не имѣлъ никакой внѣшней

---

* *Быт.* гл. XXXVII, ст. 25.

»торговли: земля его была плодоносна и онъ наслаждался »чрезмѣрнымъ изобиліемъ. Это была тогда нынѣшняя »Японія; онъ не имѣлъ ни въ чемъ и ни въ комъ нужды. »Египтяне столь мало пеклись о внѣшней торговлѣ, что »оставили производить ее по Чермному морю всѣмъ тѣмъ »небольшимъ народамъ, у которыхъ была на немъ какая-»нибудь пристань. Они позволяли Идумейцамъ, Іудеямъ и »Сиріянамъ имѣть на немъ флоты (*).«

Но совсѣмъ другое зрѣлище представляютъ намъ *Финикіяне*. Въ нихъ мы видимъ народъ трудолюбивый, совершенно преданный художествамъ и торговлѣ, распространившій между другими народами довольство, изобиліе, гражданскую образованность и благоденствіе.

Финикіяне первые стали заниматься мореплаваніемъ, симъ толь важнымъ пособіемъ для торговли. Хотя честь сего изобрѣтенія нѣкоторые приписываютъ Египтянамъ, но, кажется, несправедливо. Милотъ говоритъ: »Въ то »время, когда Египтяне, по суевѣрію, почитали ненавист-»нымъ море, Финикіяне преплывали оное съ отважностію »и выгодою (**).« Безплодная почва Финикіи удостовѣрила ея жителей, что одинъ только трудъ и *торговля* съ другими народами могутъ быть для нихъ источниками продовольствія и богатства. Ливанскіе лѣса и удобныя пристани на

(*) Монтескьё *О существѣ законовъ*, часть III, стр. 158.
(**) Аббата Милоша *Всеобщей Исторіи* послѣдн. издан. 1819 г. часть I, стр. 86.

берегахъ Средиземнаго моря, омывавшаго Финикію, были для нее великимъ благодѣяніемъ природы. Вскорѣ Финикіяне обратили все свое вниманіе и дѣятельность на кораблестроеніе, мореплаваніе и торговлю. Они смѣло начали плавать по Средиземному морю; острова Кипръ, Родосъ, Сардинія, Сицилія и Греція наполнились ихъ поселеніями; потомъ они достигли южныхъ береговъ Испаніи (тогдашней Бетики) и вывозили оттуда медъ, воскъ, смолу, желѣзо, свинецъ, мѣдь, олово и проч. Тамъ основанъ ими Гадесъ (нынѣшній Кадиксъ), сдѣлавшійся въ послѣдствіи главною ихъ пристанью и мѣстомъ складки товаровъ.

Наконецъ Финикіяне прошли Геркулесовы столпы (Кадикской проливъ), и корабли ихъ явились на Западномъ Океанѣ. Тогда они узнали Британнію, изобиловавшую оловомъ. Должно также думать, что послѣ того Финикійскіе корабли ходили и въ Балтійское море и что Финикіяне имѣли торговлю съ древними обитателями нынѣшней Пруссіи. Это еще тѣмъ вѣроятнѣе, что Финикіяне получали изъ Сѣвера Европы янтарь. Г. Кайдановъ говоритъ, что »по зависти, »свойственной торгующимъ народамъ, Финикіяне тщатель- »но скрывали отъ другихъ народовъ всѣ пути и мѣста, изъ »коихъ они вывозили драгоцѣнныя произведенія природы(*).«

Вскорѣ послѣ Троянской войны они имѣли уже селенія на Восточныхъ берегахъ Африки. Въ Св. Писаніи упоминается о частыхъ отплытіяхъ кораблей Соломоновыхъ, подъ

(*) Кайданова *Руководство къ познанію Всеобщей Исторіи*, второе изданіе, ч. I, стр. 14.

управленіемъ Финикіянъ, въ Офиръ и Ѳарсисъ (Софалу и Зангвебаръ), отткуда, чрезъ три года, они возвращались нагруженные золотомъ, серебромъ, слоновою костью и другими дорогими товарами. Но всего достопамятнѣе морское путешествіе Финикіянъ вокругъ Африки (за 600 л. до Р. Х.), предпринятое ими по волѣ Египетскаго Царя Нехао, желавшаго имѣть свѣдѣніе о видѣ и величинѣ сей части свѣта. Нехао велѣлъ имъ отправиться изъ Чермнаго моря и обойти Океаномъ берега Африканскіе. Они, соверша сей путь, вошли въ Средиземное море чрезъ Иракловы столпы, и на третій годъ возвратились въ устье Нила. Сія медленность въ плаваніи происходила отъ того, что компасъ еще не извѣстенъ былъ Финикіянамъ, и по сему они должны были, сколь можно ближе, держаться береговъ. Впрочемъ таковыя обширныя плаванія Финикіянъ распространили морскую торговлю сего дѣятельнаго народа до отдаленнѣйшихъ странъ извѣстнаго тогда свѣта, доставили ему многія географическія познанія и сблизили Европу съ Азіею и Африкою.

Сухопутная торговля Финикіянъ также была весьма обширна. Они отправляли свои караваны въ Аравію, Вавилонъ, Персію, Арменію, нынѣшнюю Бухарію и, вѣроятно, въ Китай. Предметами сего торга были не только чужестранные товары, кои получались Финикіянами отъ другихъ народовъ, но и издѣлія собственныхъ фабрикъ, которыя у нихъ находились въ цвѣтущемъ состояніи. Торговля безпрестанно ихъ размножала и приводила въ совершенство, а драгоцѣнный пурпуръ — даръ случая — еще болѣе возвысилъ цѣну Финикійскихъ мануфактуръ. Сидонъ и Тиръ, два Финикійскіе города, болѣе прочихъ славились такими произведеніями. Роскошныя Сидонскія ткани, крашенныя пурпуромъ въ Тирѣ, славились еще во времена Гомера; Цари и Вельможи Востока покупали оныя для одеждъ своихъ. Вообще о Финикійскихъ городахъ можно сказать, что чрезъ нихъ производилась вся Азіятская торговля; сюда приходили товары изъ Индіи, Бактры, Мидіи, Сиріи и Аравіи; сюда богатая произведеніями Палестина доставляла хлѣбъ, вино, масло и бальзамъ; Арменія и другія сѣверныя пограничныя земли — невольниковъ, лошадей и проч. О важности торговли Тира съ Вавилономъ свидѣтельствуютъ развалины городовъ Баалбека и Пальмиры, построенныхъ Соломономъ, какъ утверждаютъ Историки, для пристанища караванамъ, проходящимъ по степямъ. Африканская торговля Финикіянъ не уступала Азіятской. Нумидійцы привозили Финикіянамъ произведенія отдаленнѣйшихъ земель Африки и промѣнивали оныя на другіе товары; сами Финикіяне отвозили въ Египетъ вино, золотошвейныя ткани и другіе предметы роскоши.

Такимъ образомъ сей народъ, въ нѣдрахъ мира и тишины, содѣлался обладателемъ торговли всего извѣстнаго тогда свѣта и достигъ той славы, которая и донынѣ еще заставляетъ насъ удивляться ему.

Финикіяне, имѣвшіе важное вліяніе на родъ человѣческій, кромѣ торговли, и по другимъ отношеніямъ, заслуживаютъ отличное мѣсто въ Исторіи. Они, какъ сказано выше, оказали незабвенныя услуги открытіемъ многихъ земель и распространеніемъ между народами гражданской образованности. Съ произведеніями Востока они сообщали обитателямъ Африки и Европы познанія восточныхъ народовъ. Торговля ихъ породила между многими народами новыя нужды, а чрезъ то самое возбудила въ нихъ дѣятельность и трудолюбіе. Финикіяне изобрѣли стекло, равнявшееся тогда цѣною съ золотомъ, буквальное письмо,Ариѳметику, мѣры, вѣсы, и ввели въ употребленіе монету. Не должно ли и позднѣйшее потомство съ благодарностію воспоминать о такомъ народѣ?

Цвѣтущее состояніе Финикіи было между X и III вѣками предъ Р. Х. Что же касается до позднѣйшей ея судьбы, то, не смотря на миролюбіе своихъ жителей, она не могла отвратить оружія Персовъ и Македонянъ.

Между тѣмъ уже и древніе *Греки*, преимущественно Мало-Азійскіе, принадлежали къ дѣятельнѣйшимъ народамъ земнаго шара. Сколько ими было изобрѣтено художествъ и искусствъ; сколь далеко простиралась ихъ торговля; сколько они совершили морскихъ путешествій, еще во времена самыя отдаленныя! — Не весьма плодородная ихъ почва питала многіе милліоны жителей. — Поселенія, заведенныя Греками на берегахъ Колхиды, Херсониса Таврическаго, Италіи и Галліи, превратили необработанныя страны Южной Европы въ цвѣтущій вертоградъ; все сіе сдѣлано было ими для большаго распространенія и пользы торговли, въ которой они заняли едва-ли не первое мѣсто послѣ Финикіянъ, по счастливомъ окончаніи войнъ Персидскихъ, и еще болѣе въ вѣкъ Александра Македонскаго, который разрушивъ Персидскую Монархію, подчинилъ Финикійскіе города своей власти. — Одинъ только Тиръ еще нѣсколько ему сопротивлялся; но Александръ, послѣ семимѣсячной осады, взялъ и разрушилъ сей городъ и всю его торговлю перевелъ въ Александрію.

Но Македонскій герой не успѣлъ совершенно доказать свѣту, что онъ такъже могъ покровительствовать торговлѣ, какъ и покорять народы и земли. Смерть прекратила всѣ его смѣлыя намѣренія. Однакожъ мудрые и дѣятельные Пптоломеи, которымъ послѣ него достался Египетъ, достигли цѣли, предположенной Великимъ Александромъ. Они вскорѣ содѣлали Александрію обладательницею всемірной торговли. Таковый быстрый успѣхъ должно въ особенности приписать весьма выгодному положенію сего города. Онъ имѣлъ, съ одной стороны, свободную торговлю по Черному морю съ Южною Азіею и со всѣми восточными землями, какъ то: съ Аравіею, Персіею, Индіею и восточною Африкою; съ другой же стороны рѣка Нилъ и Средиземное море открывали путь въ прочія Африканскія и Европейскія земли. Внутреннее жь сообщеніе съ Египтомъ, кромѣ рѣки Нила, облегчалось искусственными каналами, а со внутреннею Африкою производилось посредствомъ каравановъ.

Александрія имѣла обширную и безопасную пристань, куда приходили отвсюду чужестранные корабли, и изъ которой Египетскіе купцы отправлялись съ своими товарами во всѣ части Свѣта. Столь важная торговля сего города обогатила весь Египетъ; но къ сожалѣнію таковое обогащеніе основано было на несчастіи другихъ: ибо Александръ, желая возвысить и распространить торговлю основаннаго имъ въ Египтѣ города, вырвалъ оную, такъ сказать, изъ рукъ Финикіянъ; однакожъ сіи послѣдніе могли утѣшаться тѣмъ, что въ одной изъ своихъ колоній видѣли достойную себя преемницу. Когда Финикіяне находились еще подъ властію Персовъ, то *Карѳагенъ*, новая Тирская колонія, болѣе и болѣе укрѣплялся въ своихъ силахъ. Географическое положеніе сего города и духъ торговли, оживлявшій Финикіянъ и какъ бы наслѣдованный Карѳагенянами, предвѣщали будущую славу и могущество сего Финикійскаго поселенія. — »Можно было предвидѣть, »говоритъ Г. Кайдановъ, что сынъ Тира — Карѳагенъ пре-»взойдетъ въ славѣ, силѣ и богатствѣ отца своего.« *

Утвердившись въ Африкѣ, Карѳагеняне прежде всего обратили вниманіе на главный источникъ государственнаго и народнаго богатства — земледѣліе. Въ послѣдствіи времени они предались торговлѣ и привели ее въ самое цвѣтущее состояніе.

Сухопутная ихъ торговля производилась караванами, которые проходили чрезъ степи Ливійскія до рѣки Нигера, и къ Востоку въ Верхній Египетъ. Они привозили изъ Египта: соль, ладанъ, алойное дерево, черепаху, жемчугъ, слоновую кость, перецъ, гвоздику, драгоцѣнные камни и другіе товары. Изъ Еѳіопіи получали они золото и лѣсъ.

---

* См. часть I. стран. 39.

Внутренняя Африка доставляла имъ невольниковъ, которыми они производили торгъ съ жителями острововъ Балеарскихъ.

Изъ сего можно уже видѣть, сколь важна была сухопутная торговля Карѳагенянъ, тѣмъ болѣе, что дорога чрезъ песчаныя Африканскія степи, какъ извѣстно, весьма трудна и опасна.

Но Карѳагеняне гораздо большее заслуживаютъ вниманіе по своему мореплаванію, преимущественно распространившему ихъ торговлю. Едва корабли ихъ явились на Средиземномъ морѣ, какъ уже и овладѣли многими его островами. Сардинія была первымъ ихъ пріобрѣтеніемъ; овладѣвъ симъ островомъ, они тщательно охраняли его отъ притязаній другихъ народовъ; онъ былъ для Карѳагенянъ и житницею и складочнымъ мѣстомъ для Европейской ихъ торговли; а потому они, дорого цѣня обладаніе симъ островомъ, содержали тамъ всегда большое число наемнаго войска. Утвердивъ за собою Сардинію, Карѳагеняне обратили вниманіе на Корсику; трудолюбивыя ихъ руки покрыли Корсиканскія скалы тучными пастнами. Финикійскія поселенія въ Сициліи достались также въ руки Карѳагенянъ. Городъ Палермо былъ главою всѣхъ Карѳагенскихъ владѣній на семъ плодоносномъ островѣ. Прочіе малые острова Средиземнаго моря, особливо Балеарскіе и Мальта, также принадлежали Карѳагену во время цвѣтущаго его состоянія. Ихъ можно было защищать безъ большаго труда, и они служили Карѳагенянамъ, какъ складочными мѣстами, такъ и пристанищемъ для кораблей ихъ въ отдаленныхъ путешествіяхъ. Мальта была главнымъ мѣстомъ Карѳагенскихъ мануфактуръ; особенно славились шамошнія ткани.

Поселенія Финикіянъ въ Испаніи перешли также къ Карѳагенянамъ, потому что жители Финикіи не могли защищать оныхъ по отдаленности. Въ послѣдствіи Карѳагеняне основали въ Испаніи, особливо на Западномъ ея берегу, и въ Лузитаніи, еще новыя колоніи. Доходы отъ шамошнихъ рудниковъ были главнымъ источникомъ ихъ богатства.

Сей народъ, производившій исключительный торгъ драгоцѣнными металлами Испаніи, пожелалъ еще имѣть въ своихъ рукахъ торговлю Британскимъ свинцомъ и оловомъ. Карѳагеняне, стараясь получать сіи металлы изъ первыхъ рукъ, завели селенія на островахъ Касситеридскихъ (Сцилійскихъ). И такъ, Карѳагеняне, слѣдуя по стопамъ предшественниковъ своихъ, Финикіянъ, скоро достигли той славы, которою пользовались сіи послѣдніе.

Столь быстрые успѣхи Карѳагенской торговли между прочимъ приписываютъ и тому, что многіе отдаленные народы, коихъ родственники и друзья служили въ Карѳагенскомъ войскѣ, почитали Карѳагенянъ своими пріятелями и союзниками, и охотно входили съ ними въ торговыя сношенія.

Въ заключеніе всего должно сказать, что торговля Карѳагенянъ во время войны ихъ съ Сицилійскими Греками находилась въ самомъ цвѣтущемъ состояніи; уже отдаленнѣйшія страны были ими давно посѣщаемы, и во всѣхъ Карѳагенскихъ владѣніяхъ видно было изобиліе и благоденствіе. — »Но вдругъ грозная туча, говоритъ Г. Кайдановъ, »начала собираться надъ ними, Римскій мечь ограничилъ »владычество Карѳагенской республики, а наконецъ превра- »тилъ и самое бытіе ея (за 146 лѣтъ до Р. Х.).«*

Въ *Римлянахъ* не видно было особенной ревности къ торговлѣ; самое даже званіе купеческое у нихъ не пользовалось тѣмъ уваженіемъ и преимуществами, кои предоставлены были прочимъ сословіямъ народа. Римляне напали на Карѳагенянъ, какъ на народъ соперничествующій въ обладаніи землями, а не торговый; они покровительствовали городамъ, занимавшимся торговлею, хотя и не владѣли ими; такимъ образомъ Римляне возвысили и усилили Марсель, уступая ей многія земли. Склонность Римлянъ къ войнѣ, воспитаніе и образъ ихъ правленія отдаляли ихъ отъ торговли. Впрочемъ, со времени покоренія Египта и Азіятскихъ Государствъ, торговля Римлянъ сдѣлалась довольно важною; роскошь, водворившаяся въ Римѣ, поддерживала и питала ее. Золото, серебро, драгоцѣнные камни, шелкъ и разные ароматы, особливо ѳиміамъ, получали Римляне съ Востока; хлѣбъ и другіе съѣстные припасы привозились изъ Египта; и по сему Египетъ былъ, такъ сказать, Римскою житницею. Скиѳскіе лѣса доставляли Римлянамъ дорогіе мѣхи, а берега Балтійскаго моря — янтарь. Главную же отрасль внутренней ихъ торговли составлялъ хлѣбъ, привозимый изъ Сициліи для продовольствія жителей.

---

* См. часть I, стр. 40.

Такимъ образомъ, бросивъ быстрый взглядъ на происхожденіе торговли, ея распространеніе и успѣхи у славнѣйшихъ въ Древности народовъ, скажемъ нѣсколько словъ о пользѣ торговли вообще словами Монтескьё: »Торговля »исцѣляетъ отъ гибельныхъ предразсудковъ, и общимъ »правиломъ почти можно принять то, что вездѣ, гдѣ »водворится торговля, тамъ смягчаются нравы.«* Кромѣ сего, она возбуждаетъ въ народахъ дѣятельность и трудолюбіе, распространяетъ между ними довольство, гражданскую образованность и склоняетъ ихъ къ миролюбію. Два торгующіе народа взаимно дѣлаются зависимыми одинъ отъ другаго; если одному выгодно покупать, то другому выгодно продавать, и всѣ ихъ связи основываются на обоюдныхъ нуждахъ. Однимъ словомъ, торговля, какъ говорятъ, есть *душа* всякаго Государства.

Теперь, подобно купечествующимъ мореплавателямъ, которые оставивъ спокойную пристань, среди бурной стихіи, по разнымъ путямъ, стремятся къ предположенной цѣли своего плаванія, — теперь и мы, любезные товарищи! оставляя сей мирный пріютъ своей юности, гдѣ укрывались и охранялись отъ бурь жительскихъ, гдѣ мы пріобрѣтали познанія изъ твореній просвѣщеннѣйшихъ умовъ, — теперь и мы должны, каждый съ пріобрѣтеніемъ своимъ, пуститься въ открытое море свѣта. О, да будетъ плаваніе наше благоуспѣшно и безопасно, — да будетъ святая Вѣра единственнымъ и надежнѣйшимъ для насъ кормчимъ, — да разливаетъ Она по-

---

* *О существѣ Законовъ*, часть III, стр. 110.

всюду предъ нами спасительный свѣтъ свой, подобно фаросу, во мракѣ ночей указующему путь мореплавателямъ и предохраняющему ихъ отъ опасностей кораблекрушенія!... Такъ, любезные товарищи! безъ сего благотворнаго фароса плаваніе наше сопряжено будетъ съ опасностями, достиженіе предположенной цѣли — сомнительно, кораблекрушеніе — неизбѣжно!.... И гдѣ жъ будетъ исполненіе сладостныхъ надеждъ Родителей и Наставниковъ нашихъ? — Гдѣ исполненіе тѣхъ ожиданій, которыя, безъ сомнѣнія, имѣли объ насъ Начальники и Благотворители сего заведенія, и почтенное Московское Градское Общество?... Таково ли будетъ возмездіе и благодарность съ нашей стороны за всѣ ихъ отеческія попеченія? — И такъ — для собственнаго блага и счастія, для чести мѣста своего воспитанія, для исполненія священнѣйшаго долга предъ Монархомъ и Отечествомъ — сохранимъ навсегда, любезные товарищи! въ умахъ и сердцахъ своихъ небесныя, спасительныя истины Вѣры и правила доброй нравственности!... Будемъ всегда помнить наставленія, кои внушали намъ здѣсь въ продолженіе нашего воспитанія, — станемъ всегда съ усердіемъ исполнять свои обязанности, въ какомъ бы званіи кто изъ насъ ни находился! — Вотъ достойная жертва благодарности, какую только можемъ принести своимъ Благодѣтелямъ за всѣ ихъ труды и попеченія!

А Ты, несравненная Благотворительница наша, почитающая единою для Себя потребностію — оказывать благодѣянія и милости всѣмъ, имѣющимъ счастіе находиться подъ Августѣйшимъ покровомъ Твоимъ!... Какія жертвы воздадимъ Тебѣ за неисчетныя благотворенія, за Высокомонаршее вниманіе къ сему заведенію?... Мы стократно счастливы, — мы зрѣли среди насъ Чадолюбивѣйшую Матерь нашу, — мы внимали сладчайшему Ея гласу!... Да не истребится же никогда изъ памяти нашей, любезные товарищи! сіе вожделеннѣйшее событіе, — да кроткій Образъ Всемилостивѣйшія Монархини и небесный взоръ Ея сохраняясь вѣчно въ сердцахъ нашихъ, — будутъ возбуждать въ оныхъ пріятнѣйшія воспоминанія о томъ счастливомъ времени жизни нашей, которое мы провели въ семъ вертоградѣ Наукъ, подъ благотворнымъ покровомъ незабвенныя МАРІИ!

Краткое Историческое обозрѣніе торговли Финикіянъ и Карѳагенянъ *.

Приступая къ обозрѣнію исторіи торговли, необходимо должно возвести мысль свою на начало и распространеніе гражданскихъ обществъ, съ появленіемъ коихъ является и самая торговля.

Безошибочно можно сказать, что жизнь семейственная была первою основой связей между людьми и побудительною причиной къ образованію обществъ гражданскихъ; ибо связи родственныя должны быть искреннѣе и продолжительнѣе всѣхъ другихъ связей.

---

* Сіе разсужденіе, одного содержанія съ предыдущимъ, взято изъ книги: May, Versuch einer allgemeinen Einleitung in die Handlungswissenschaft.

Съ размноженіемъ и продолжительнымъ существованіемъ обществъ раждались новыя существенныя потребности, а съ ними вмѣстѣ, отъ досужливости, и мнимыя, или прихоти, съ которыми, наконецъ, стало сопряжено желаніе къ обогащенію. Постепенная образованность обществъ, утонченность въ образѣ жизни и такъ называемое приличіе, назначили, въ послѣдствіи времени, каждому человѣку особенныя упражненія: что самое и дало, кажется, поводъ къ раздѣленію людей на разныя сословія, — и здѣсь-то должно искать начала самыхъ ремеслъ. Такого раздѣленія людей требовали не однѣ помянутыя причины, но и естественный порядокъ вещей. Иначе земледѣлецъ не имѣлъ досуга къ приготовленію многихъ другихъ вещей, для него необходимыхъ; онъ не имѣлъ даже къ тому и достаточнаго искусства; а по сему благоразуміе, желаніе удобства и самая необходимость заставили людей избрать различные роды занятій.

Но чтобы совершенно обезпечить себя въ нуждахъ и спокойствіи, отвратить всѣ неудобства въ жизни, не лишить себя удовольствій, по видимому, возможныхъ, люди прибѣгнули ко взаимной мѣнѣ плодовъ своей досужливости, трудовъ и изобрѣтательности, и чрезъ это самое положили начало торговлѣ.

Въ колыбели человѣчества прежде прочихъ странъ возникла торговля. Когда еще другія части свѣта были покрыты непроницаемымъ мракомъ неизвѣстности, тогда Азійскія земли заселялись одна за другою и воздѣлывались съ невѣроятнымъ успѣхомъ.

Начинать исторію торговли до потопа, значило бы основываться только на однѣхъ догадкахъ и предположеніяхъ.

Мадіаниты были первые, о которыхъ упоминается въ Св. Писаніи, спустя около 600 лѣтъ послѣ потопа, какъ о народѣ торговомъ. Они жили въ Каменистой Аравіи и производили заграничную сухопутную торговлю. Однакожъ, не смотря на богатство и обширность сей торговли съ Египтомъ и Израильтянами, они не почитаются народомъ торговымъ въ собственномъ смыслѣ; потому что не занимались мореходствомъ, честь изобрѣтенія коего, хотя и не съ должнымъ вѣроятіемъ, приписываютъ Египтянамъ. Впрочемъ и Египтяне, имѣя выгоднѣйшее мѣстоположеніе для торговли, не умѣли и даже не могли пользоваться симъ преимуществомъ, дарованнымъ самою природою. Они были боязливы, легкомысленны и суевѣрны, слѣдовательно не имѣли постоянства и рѣшительности, столь необходимыхъ къ распространенію и утвержденію прочной торговли. Боязнь и недовѣрчивость ихъ къ другимъ народамъ до того простирались, что они въ древности не позволяли иностранцамъ въѣзжать во внутренность своего государства; почему Финикіянамъ для торговыхъ дѣлъ былъ назначенъ одинъ только *Мемфисъ*, а Грекамъ *Навкратисъ*. И такъ, не имѣя сами способностей, потребныхъ для торговли, Египтяне предоставили сію выгоду сосѣдямъ своимъ Финикіянамъ, которые при всемъ малолюдствѣ и безплодіи * своей малой страны, превзошли всѣхъ тогдашнихъ народовъ на семъ поприщѣ. Духъ ихъ торговли былъ свободнѣе и предпріимчивѣе. Плаваніе ихъ по Средиземному морю нѣкоторые относятъ еще ко временамъ Авраама. Въ Св. Писаніи они извѣстны подъ именемъ Ханенеевъ; языкъ ихъ сходенъ былъ съ Еврейскимъ.

Древнѣйшій торговый городъ Финикіянъ былъ *Сидонъ*. Еще — Іаковъ упоминаетъ о его обширности и богатствѣ въ прощальной рѣчи къ сыновьямъ своимъ. Сидонъ получилъ особенное приращеніе во время завоеванія Іисусомъ Навиномъ земли Ханаанской, жители коей удалились частію къ морю (Средиземному), и преимущественно въ Сидонъ; а нѣкоторые даже въ Африку. Сидоняне отъ природы были остроумны и изобрѣтательны. Еще въ самыя древнія времена занимались они приготовленіемъ тонкаго и дорогаго полотна, называемаго *Синдонъ*, и шерстяныхъ матерій. Женщины ихъ вязали женскія покрывала и приготовляли разныя мѣлочныя (галантерейныя) вещи; а въ Сарептѣ находились рудокопные заводы.

Другой, извѣстный по торговлѣ Финикійскій городъ, былъ *Тиръ*, основанный послѣ Сидона, превзошедшій его въ короткое время и извѣстный въ Св. Писаніи со временъ Давида. Торговля и дѣятельность Тирянъ, не смотря на безплодіе земли, ими обитаемой, содѣлали ихъ богатыми и славными. Возвышенію торговли Тира много благопріятствовало нападеніе Давида на Идумею и разрушеніе

---

* Изъ книги Царствъ видѣть можно, что когда Соломонъ бралъ у Хирама работниковъ, то обязывался платить ему 20,000 мѣръ пшеницы и 20 сосудовъ масла.

торговыхъ городовъ сей страны. Царь Хирамъ еще болѣе его возвысилъ своимъ благоразуміемъ и союзомъ съ Давидомъ и Соломономъ.

Сидонъ и Тиръ имѣли различныя мануфактуры и заводы; къ числу послѣднихъ особенно должно отнести стеклянные; ибо тогда стекло было столь же цѣнно, какъ золото*. Пурпуръ (матерія и краска сего имени), особенно приготовлявшійся въ Тирѣ, былъ другимъ источникомъ богатства Финикіянъ.

Въ древнія времена матерія пурпуръ принадлежала къ числу драгоцѣннѣйшихъ; имъ покрыта была Скинія Свидѣнія, оный также служилъ одеждою Царямъ, вельможамъ и Первосвященникамъ, и вообще, если кому хотѣли оказать почести: то обыкновенно одѣвали его въ пурпуръ.

Употребленіе и польза таковыхъ случайныхъ изобрѣтеній показываютъ досужество и трудолюбіе Финикіянъ. Съ размноженіемъ своихъ поселеній они распространяли и добрые нравы. Греція, удивленіе древняго свѣта, во многомъ обязана сему народу своимъ образованіемъ. Еще во времена исхода Израильтянъ изъ Египта прибыли изъ Финикіи въ Грецію поселенцы подъ начальствомъ Кадма, который нашелъ Грековъ въ дикомъ состояніи. Онъ построилъ тамъ первый городъ, названный по имени его *Кадмеею*, а потомъ *Ѳивами*; открылъ мѣдные рудники, научилъ жителей кованію металловъ и ввелъ искусство письма. Финикійскія тор-

---

* Стекло было открыто случайно Сидонскими мореходцами при устьѣ рѣки Белуса. Ложное мнѣніе, будто бы стекло можно дѣлать только изъ песку сей рѣки, удерживало долгое время приготовленіе стекла въ одной Финикіи.

говыя поселенія были на островѣ Кипрѣ, тогда богатомъ рудниками, и на бо́льшей части острововъ Архипелажскихъ, также по берегу Африканскому, отъ Египта до Гибралтара, къ числу коихъ принадлежитъ *Тингисъ* или нынѣшній *Тангеръ*. Спустя почти IX столѣтій послѣ потопа Финикіяне достигли въ Испанію, которую нашли не обработанною. Она не производила даже оливковаго масла; а по сему Финикіяне продавали тамошнимъ жителямъ масло и другіе товары съ такою выгодою, что, по сказаніямъ Историковъ, не могли нагружать на свои корабли всего получаемаго ими серебра, почему и употребляли его на дѣланіе якорей *. Сіе серебро они вымѣнивали часто за такія же бездѣлицы, за какія Европейцы получали нѣкогда золото и серебро въ Мексикѣ и Перу. Главными торговыми мѣстами Финикіянъ въ Испаніи были построенные ими города *Гадесъ* и *Тартесъ*. Вообще можно сказать, что Испанія для Финикіянъ была тѣмъ же, чѣмъ въ новѣйшія времена Америка для Испанцевъ; однакожъ Финикіяне, при всемъ изобиліи и успѣхахъ, не предавались праздности и лѣности, но были всегда неослабно трудолюбивы и неутомимы. **Офиръ** ** доставлялъ имъ золото, мѣдь, желѣзо, драгоцѣнные камни, слоновую кость, черное дерево, пряные коренья и проч. Всѣ сіи товары покупались на глазомѣръ, при чемъ ни мѣра, ни вѣсъ не были въ употребленіи.

---

* См. *Исторію* Бредова, Милота и друг.
** *Офиромъ* въ обширномъ смыслѣ назывался восточный берегъ **Африки**; а въ тѣсномъ значеніи только берегъ Софала.

Изъ Палестины получали Финикіяне пшеницу, вино, масло и бальзамъ; изъ Арменіи и пограничныхъ сѣверныхъ странъ — невольниковъ, лошадей, мѣдь и другіе товары. Въ Европѣ они распространили свою торговлю до острововъ Британскихъ и даже до береговъ Балтійскаго моря; съ первыхъ, вѣроятно, получали они свинецъ и олово; а съ послѣднихъ янтарь *, отъ жителей, называвшихся Эстіями.

Діодоръ, описывая весьма обширный и плодоносный островъ, открытый случайно Финикіянами, занесенными сильною бурею въ пространство Западнаго океана, и увѣряя, что Карѳагеняне препятствовали Тирянамъ посылать на сей островъ колонистовъ, съ намѣреніемъ сами, въ случаѣ военной неудачи, переселиться туда съ своими семействами, какъ въ мѣсто, весьма мало тогда извѣстное — заставляетъ нѣкоторыхъ полагать, что сей островъ былъ нынѣшней Америкой **.

Изъ всѣхъ Финикійскихъ поселенцевъ извѣстнѣйшіе были Карѳагеняне. Дидона (Элиза) почитается основательницею города *Карѳагена*, за 878 лѣтъ до Р. Хр. Онъ находился на полуостровѣ и окруженъ былъ тройною стѣной, имѣлъ двѣ гавани: внѣшнюю для кораблей купеческихъ, и внутреннюю для военныхъ. Послѣдняя была весьма хорошо

---

* См. Діодора Сицилійскаго Историческую Библіотеку. СПБ. 1774, часть II, стр. 169 — 170.
** Тамъ же, стр. 165 - 167.

укрѣплена, окружена арсеналами и могла служить безопасным пристанищем для 280 кораблей.

Город сей, весьма неважный въ своемъ началѣ, въ послѣдствіи времени сдѣлался столицею весьма сильнаго государства, спорившаго въ могуществѣ съ Римскою Республикою, и простиравшаго свои виды на всемірное преобладаніе. Карѳагеняне наслѣдовали всѣ качества праотцевъ своихъ Финикіянъ, а въ военномъ искусствѣ не уступали самымъ Римлянамъ. Смѣтливая оборотливость, предпріимчивость, способность къ торговлѣ, равно и къ войнѣ, и чрезмѣрная бережливость, которую Римляне обращали въ насмѣшку, естественно должны были сдѣлать ихъ богатыми и сильными. Съ такими качествами соединяли Карѳагеняне благоразумную расчетливость и торговую политику, простиравшуюся даже до безчеловѣчія. Такъ, на пр. они, захватывая насильственно чужіе купеческіе корабли, людей, бывшихъ на оныхъ, бросали въ море, или убивали, дабы таковые хищническіе ихъ поступки навсегда оставались въ тайнѣ.

Въ отношеніи къ открытіямъ и населеніямъ новыхъ земель, Карѳагеняне оказали такія жь услуги, какъ и Финикіяне. Около временъ Ксеркса посылали они нѣкоего Химелько для собранія подробнѣйшихъ свѣдѣній объ островахъ Британскихъ; — отплывъ изъ гавани Гадеса, онъ употребилъ на сіе путешествіе около четырехъ мѣсяцевъ. Почти въ тоже время они отправили флотъ изъ 60 кораблей, съ 30 т. человѣкъ подъ начальствомъ Ганнона, для открытій на западном берегу Африки и основанія тамъ новыхъ поселеній. Онъ доходилъ до острова Церне, лежащаго на градусъ къ Югу отъ Канарскихъ острововъ, и еще далѣе продолжалъ свое плаваніе 26 дней; но принужденъ былъ воротиться по причинѣ сильныхъ вѣтровъ подъ Линіею.

Выше сказано, что Карѳагеняне, сколько искусны и благоразумны были въ торговлѣ, столько же способны и владѣть мечемъ. Ихъ сухопутная и морская силы были весьма значительны; а потому и не должно удивляться, что они въ одной Африкѣ имѣли до 300 городовъ и занимали пространство земли болѣе, нежели на 1000 миль. Кромѣ сего они владѣли частію Испаніи, въ которой при берегахъ Средиземнаго моря процвѣтали ихъ колоніи; также Мальтою, Сициліею, Сардиніею, Корсикою, Минорсою и пр. Во всѣхъ сихъ земляхъ уже давно были Финикійскія поселенія; и когда Карѳагеняне овладѣли оными, то нашли уже тамъ торговлю въ цвѣтущемъ состояніи, что послужило къ умноженію ихъ могущества. Но судьба, постигшая Карѳагенъ въ послѣдствіи времени, всѣмъ уже извѣстна. Въ блистательнѣйшую эпоху славы Карѳагенянъ началъ процвѣтать *Коринѳъ*, отличавшійся своимъ выгоднымъ мѣстоположеніемъ для торговли. Онъ имѣлъ двѣ гавани, одну на Эгейскомъ морѣ къ Востоку, а другую на Іонійскомъ къ Западу, что и содѣлало его торжищемъ не только для Греціи, но для всей Европы и Азіи.

Но если обратимся къ Финикіянамъ и Карѳагенянамъ, то увидимъ, что Греки, при всемъ своемъ остроуміи и изобрѣтательности, должны уступить имъ преимущество въ производствѣ торговли и мореплаваніи. Тирянамъ по всей справедливости принадлежитъ первое мѣсто. Они, при всѣхъ ужасныхъ переворотахъ въ Азіи, долго сохраняли свою независимость; но счастіе непостоянно. Салманассаръ, Царь Ассирійскій, разрушилъ, за 720 л. до Р. Хр., Царство Израильское и тѣмъ нанесъ чувствительный ударъ благоденствію Финикіи. Взявъ Самарію, онъ напалъ и на Тиръ. Въ сіе время Сидонъ и другіе города ему уже покорились; а Тиряне принуждены были купить миръ и независимость золотомъ.

Около 500 лѣтъ до Р. Хр., Навуходоносоръ, Царь Вавилонскій, разрушилъ Іерусалимъ, и такимъ образомъ положилъ конецъ царству Іудейскому. Отъ Іерусалима Навуходоносоръ обратился къ Тиру и осадилъ сей городъ, который будучи открытъ со стороны моря, выдержалъ 13 лѣтнюю осаду. Торговля его въ сіе время весьма много потерпѣла. Тиряне, видя, что должны будутъ сдаться, застроили и укрѣпили близь лежащій островъ и удалились на оный съ своими товарами и всѣмъ имуществомъ. Здѣсь, неутомимостью и дѣятельностію они возстановили прежнюю торговлю, и богатства снова потекли къ нимъ отвсюду.

Когда Киръ покорилъ цѣлый Востокъ, тогда Финикіяне предались Персамъ, вѣроятно, какъ союзники, а не какъ покоренные оружіемъ; ибо они производили въ то время свою торговлю съ такою же свободою, какъ и прежде.

Хотя Сидоняне, въ царствованiе Персидскаго Царя Оха, съ помощiю Египтянъ, и хотѣли отдѣлиться отъ Персовъ, но городъ ихъ измѣною былъ вторично преданъ Персамъ. Осажденные Сидоняне сожгли всѣ свои корабли, дабы никто не могъ убѣжать изъ города, но оставался бы для защищенiя онаго. Когда жъ всѣ усилiя ихъ оказались тщетными: тогда они съ женами и дѣтьми своими заперлись въ домахъ, зажгли оные и такимъ образомъ погибли сами и превратили въ пепелъ городъ со всѣми сокровищами. Послѣ сего хотя Сидонъ и былъ возобновляемъ; но никогда уже не достигалъ прежней своей славы.

Подобный конецъ имѣлъ и Тиръ. Сколь дорого стоило Александру Македонскому взятiе сего города, столь же безчеловѣчно отмстилъ онъ и Тирянамъ, которые оказали необыкновенные примѣры мужества, любви къ отечеству и свободѣ, при защищенiи своего города. Такимъ образомъ кончилась слава и могущество сего города, бывшаго удивленiемъ всѣхъ вѣковъ, нѣкогда располагавшаго потребностями и удовольствiями многихъ народовъ. Тиръ, можно сказать, былъ законодателемъ вкуса, давалъ тонъ въ образѣ жизни и удовольствiяхъ, служилъ единственнымъ образцомъ въ отношенiи къ торговлѣ, благоразумiю, прозорливости и мудрой политикѣ. По разрушенiи Тира, Александръ основалъ въ Египтѣ *Александрiю*, которая сдѣлалась, послѣ паденiя онаго города, средоточiемъ торговли Восточной и Западной: что продолжалось до открытiя Португальцами пути въ Восточную Индiю, около мыса Доброй Надежды.

Вотъ краткое обозрѣніе, изъ коего можно видѣть, что торговля, въ началѣ своемъ служившая къ удовлетворенію человѣческихъ нуждъ, въ послѣдствіи времени сдѣлалась удобнѣйшимъ средствомъ къ знакомству и сближенію народовъ между собою, къ распространенію наукъ и художествъ между ними. Для нее единственно люди переплывали обширныя моря, открывали новыя земли и народы, вводили у нихъ гражданственность и брали на себя трудъ быть, такъ сказать, ихъ воспитателями; въ отдаленнѣйшихъ странахъ они заводили новыя селенія, обработывали земли пустынныя, водворяли тамъ жизнь, преодолѣвая всѣ трудности и неудобства, противополагаемыя самою природою.

Словомъ, кругъ ея дѣйствій столь обширенъ, послѣдствія оныхъ столь разнообразны, что трудно изчислить всѣ выгоды, проистекающія отъ торговли. — Каждое государство силу и славу свою на ней основываетъ, художества, изобрѣтенія и науки ею поддерживаются, трудолюбіе поощряется и дѣятельность видитъ въ ней свою награду. Чрезъ нее города населяются, умножается богатство и изобиліе, народы соединяются узами дружбы, имѣющей основаніемъ взаимныя выгоды. Короче — отъ благоразумной торговли всюду водворяется благоденствіе и спокойствіе. Торговля собираетъ произведенія всѣхъ частей свѣта для того только, чтобы угодить прихотливому вкусу, доставляетъ сокровища Азіи и Америки, чтобы удовлетворить требованіямъ роскоши, разборчивости, тщеславія и другихъ прихотей. Изъ сего можно удостовѣриться въ пользѣ и необходимости торговли; а по сему и надлежитъ каждому народу употреблять всевозможные способы къ ея поддержанію, улучшенію и распространенію.

Разсужденіе о вліяніи Крестовыхъ походовъ на Европейскую торговлю *.

Вторично удостоенный привѣтствовать Васъ отъ лица воспитанниковъ сего заведенія и принести общую дань нашей благодарности Вамъ, яко Покровителямъ юныхъ дарованій, я осмѣливаюсь въ сей для насъ торжественный день исполнить возложенную на меня обязанность. Къ сему побуждаютъ меня Ваше благосклонное вниманіе, котораго мы всегда удостоивались при испытаніяхъ, и снисходительное одобреніе посильныхъ успѣховъ нашихъ.

Чувствуя въ полной мѣрѣ благодѣянія, полученныя нами въ семъ мѣстѣ нашего воспитанія, гдѣ столь усердно пеклись о образованіи нашего ума и сердца, представляя себѣ всю великость сихъ благодѣяній, мы смущаемся и не можемъ принести достойной жертвы Августѣйшему Покровителю сего Училища. Равно преисполненные благоговѣнія къ Высокой Начальницѣ онаго, Государынѣ Императрицѣ МАРІИ ѲЕОДОРОВНѢ, мы съ умиленіемъ взираемъ на кроткій образъ Ея и тщетно усиливаемся выразить предъ

* Читано на публичномъ испытаніи 26 Іюня, 1828 года.

Нею сердечные порывы нашей неизъяснимой, вѣчной благодарности. Благоволи, Всемилостивѣйшая Государыня, съ свойственнымъ Тебѣ снисхожденіемъ воззрѣшь на сей опытъ незрѣлыхъ дарованій! — У Васъ же, ПП. ПП., осмѣливаюсь испрашивать благосклоннаго вниманія къ моему разсужденію *о вліяніи Крестовыхъ походовъ на Европейскую торговлю.*

Кому неизвѣстны подробности сего великаго предпріятія? Кто не знаетъ Петра Пустынника, пламенныя чувства котораго восхищали гордыхъ воителей его времени? Кто не слыхалъ о Папѣ Урбанѣ II и его сильномъ, увлекательномъ краснорѣчіи, возгремѣвшемъ на соборѣ Клермонтскомъ? Кто не удивлялся подвигамъ Годофреда и предводимаго имъ Крестоносного воинства? Чье сердце не ликовало при взятіи Іерусалима, не тронулось смиреніемъ его освободителя, когда онъ отрекся возложить на главу свою діадиму тамъ, гдѣ Спаситель міра носилъ вѣнецъ отъ тернія? Но хотя благочестивое намѣреніе Хрістіанъ достигло своей цѣли, хотя священная хоругвь водружена была на стѣнахъ Сіона, хотя важнѣйшія мѣста и твердыни Малой Азіи достались во власть Рыцарей Креста; однако сила ихъ оружія не истребила въ Сарацинахъ врожденной храбрости. Жажда мщенія томила сихъ варваровъ; надѣясь загладить стыдъ претерпѣнныхъ ими пораженій, они съ свирѣпствомъ устремились на Хрістіанъ. Ихъ побѣдные клики достигли до Запада и вызвали новыхъ грозныхъ витязей на сѣчу кровопролитную. Людовикъ Юный и Конрадъ повели нетерпѣливые полки свои, сразились—и единъ Богъ вѣдаетъ, сказано въ древнихъ лѣтописяхъ, сколько мучениковъ погибло отъ меча вражія*. Открылись жалобы на проповѣдниковъ сего похода — Аббата Бернарда и Папу Евгенія; но они приписали несогласіямъ и разврату Хрістіанъ свою горестную судьбу. Отъ сего времени неудачи и бѣдствія сопутствовали Крестоносцамъ. На Востокѣ явился Саладинъ, и Сирійскіе Хрістіане затрепетали, какъ бы предчувствуя грядущія злополучія. Съ ужасомъ встрѣтили они на поляхъ Тиверіады грознаго непріятеля, безъ надежды пошли на отчаянный бой за слабымъ Царемъ своимъ; страшный ударъ разразился надъ ними, и святая хоругвь пала со стѣнъ Іерусалима. Вѣсть объ отнятіи сего града у Крестоносцевъ пресѣкла жизнь Папы Урбана III и подвигла трехъ сильнѣйшихъ Монарховъ Европы къ отмщенію. Смерть одного изъ нихъ остановила всѣ успѣхи при самомъ началѣ; коварный духъ зависти поселилъ вражду между двумя другими и былъ источникомъ зла неисчерпаемаго. Саладинъ восторжествовалъ; Сіонъ остался во власти его, и Хрістіане удержали за собою только островъ Кипръ и нѣсколько приморскихъ крѣпостей въ Сиріи. И вотъ плоды похода, подававшаго самыя блестящія надежды! Когда въ четвертый разъ, по воззванію Папы Иннокентія III, западные воины устремились въ Обѣтованную Землю, тогда (странное измѣненіе духа!) не градъ Давида исторгли они изъ рукъ невѣрныхъ, но за-

---

* Histoire des Croisades, par Michaud, liv. VI.

воевали Константинополь и утвердили въ немъ свое владычество. И Папа благословилъ подвигъ сей, ибо онъ подчинялъ ему Церковь Восточную, къ чему издавна стремились желанія Римскихъ Первосвященниковъ! Почти полвѣка прошекло отъ основанія Латинской Имперіи и Европа спокойно взирала на Востокъ; казалось, что пламя, ее пожравшее, угасло и снова не возгорится, какъ вдругъ набожный обѣтъ увлекъ С. Людовика туда, гдѣ величественный Нилъ разливаетъ благотворныя воды свои. Кто не сожалѣлъ о бѣдствіяхъ сего благочестиваго Монарха въ Египтѣ и о злополучной кончинѣ его близъ Туниса. Отъ сего времени Востокъ уже не привлекалъ болѣе западныхъ воителей; только одни торговые корабли Европейцевъ продолжали посѣщать пристани Левантскія.

Показавъ кратко начало и ходъ Священной Брани, — явленія, для насъ удивительнаго и даже страннаго, но въ средніе вѣки естественнаго по геройскому духу, тогда воспламенявшему народы по ненависти ихъ къ Магометанамъ, по слѣпой приверженности къ Вѣрѣ своей и по хитрости Папъ, которые были душею сего исполинскаго предпріятія и подвигли весь Западъ къ содѣйствію своимъ честолюбивымъ видамъ, — остается мнѣ сказать, что произошло съ Европою, когда, въ продолженіе двухъ сотъ лѣтъ, претерпѣвая непрестанный ущербъ въ своихъ обитателяхъ, она успокоилась наконецъ послѣ сихъ великихъ потрясеній, и сдѣлалась гораздо равнодушнѣе ко врагамъ Хрістіанства. Подобно морю, по отливѣ великаго количества водъ своихъ, обнаруживающему твердыя скалы, въ нѣдрахъ его погребенныя, Европа, лишась значительной части жителей, менѣе подвергалась стремительнымъ порывамъ бурь политическихъ и увидѣла величіе Монарховъ и благоденствіе гражданъ, дошолъ какъ бы подавленныхъ тягостію Феодальнаго владычества. Представить успѣхи самодержавія, обязанаго своимъ утвержденіемъ Крестовымъ походамъ, не есть цѣль моя; умолчу и о томъ, какъ нравы Европейцевъ смягчились отъ знакомства ихъ съ Греками и восточною роскошью, какъ возсіялъ благодатный лучь просвѣщенія между западными народами отъ соревнованія обитателямъ Византіи и отъ чистѣйшихъ, основательнѣйшихъ понятій о правосудіи; но осмѣливаюсь обратить Ваше вниманіе, ПП. ШШ., на ходъ и предметы Европейской торговли тогдашнихъ временъ.

До Крестовыхъ походовъ она была въ самомъ жалкомъ и стѣсненномъ положеніи; съ трудомъ находила себѣ пути и повсюду встрѣчала опасности; не существовало ни одного изъ постановленій, ее оживлявшихъ; но всѣ средства, которыя ее мертвятъ и уничтожаютъ, дѣйствовали тогда съ полною силою. Духъ Феодальнаго правленія господствовавшій въ Европѣ, былъ гибеленъ вообще для промышленности и торговли; безпрестанные грабежи, разбои по всѣмъ дорогамъ и неустройство сихъ послѣднихъ, не только препятствовали распространенію торговли, но и угрожали ей совершеннымъ уничтоженіемъ. Самые города не

20*

могли почитаться безопасными для купцовъ (1); одни только Аббатства были тогда неприкосновенными и служили надежнымъ мѣстомъ для складки товаровъ (2). Купеческіе обозы появлялись очень рѣдко, и то на *Дунайскомъ пути* въ Константинополь изъ Германіи (3); здѣсь въ послѣдствіи времени Фламандцы содѣлались посредниками въ торговлѣ между Венеціею и землями Балтійскаго моря (4).

Съ неменьшими опасностями производилась и морская торговля; потому что разбойники и на моряхъ преслѣдовали купеческіе корабли. Не состраданіе, не гостепріимство ожидали торговцевъ на берегу послѣ кораблекрушенія, но рабство самое жестокое, и лишеніе всего имущества (5). Деньги накоплялись въ кладовыхъ монастырей и замковъ, особенно въ домахъ Евреевъ, единственныхъ тогда производителей Европейской торговли (6); въ обращеніи жь находилось ихъ весьма мало. Торговыхъ сношеній не только между разными народами, но и между жителями одной страны почти не было (7). Ни одна еще Европейская земля, кромѣ Италіи, не славилась торговлею; во Франціи нѣсколько занимались ею Ліонъ, Авиньонъ и Марсель; самая

---

(1) The History of the reign of the Emperor Charles V, by W. Robertson, vol. I. Note XV. (2) Сѣверн. Архивъ 1827 года, No 6. (3) Тамъ же. (4) The History of the reign etc. by Robertson. vol. I, Note XXIX. (5) Тамъ же. (6) Тамъ же и Hist. des Crois. par Michaud, liv. II. (7) The Hist. of the reign etc. by Robertson, vol. I, Note XXIX.

Англія не знала выгодъ своего положенія и долго не предвѣщала первенства своего въ мореходствѣ и промышленности. Напротивъ того, Сирія, Египетъ, Аравія, Индія и Персія производили тогда обширную между собою торговлю; моря и рѣки сихъ странъ всегда были покрыты судами, а сухопутныя дороги заняты караванами; сей дѣятельности весьма способствовала любовь восточныхъ народовъ къ роскоши и утонченному по тогдашнимъ временамъ общежитію. И такъ, для Европейскихъ народовъ было бы весьма благодѣтельно не чуждаться другъ друга; но, тѣсно соединясь узами взаимныхъ выгодъ, войти всѣмъ вмѣстѣ въ торговыя сношенія съ Востокомъ. Но для сего надлежало какому-нибудь необычайному перевороту дать въ *скоромъ времени* иной ходъ дѣламъ западныхъ Европейскихъ Государствъ, и Крестовые походы открыли къ тому удобный случай.

При самомъ ихъ началѣ доселѣ невиданное зрѣлище представляется взорамъ нашимъ. *Миръ Божій* отверзаетъ недоступныя доселѣ казнохранилища, мертвые капиталы оживаютъ по гласу торговли и начинаютъ свое быстрое обращеніе (1). Подъ знаменіемъ Креста происходитъ первое сближеніе между Европейскими народами, начинаются знакомства и связи жителей отдаленнаго Сѣвера съ обитателями странъ южныхъ и восточныхъ, полагается основаніе постоянному плаванію по морямъ Балтійскому, Средиземному и Океану (2). Воскресли дѣятельность и соревно-

---

(1) Hist. des Croisades par Michaud, liv. II. (2) Тамъ же liv. XVIII.

ваніе. Частныя путешествія въ Палестину улучшаютъ строеніе и увеличиваютъ число кораблей; уже Марсель на своихъ судахъ перевозитъ въ сію страну все войско Ричардово; Генуя и Пиза въ продолженіи 13 лѣтъ отъ начала Священной Брани посылаютъ на Востокъ семь флотовъ (1), и Венеціане, сомнѣвавшіеся прежде въ силѣ Хрістіанскаго оружія, не хотѣвшіе ратовать съ Крестоносцами, страшась лишиться благосклонности Сирійскихъ владѣтелей (2), — и они, узнавъ о побѣдѣ Годофредовой, возстаютъ противу Сарацинъ — и пути обогащенія расширяются.

Новое Царство Іерусалимское не можетъ обойтись безъ флотовъ Италіи. Колеблющаяся Имперія Грековъ молитъ Венеціанъ о покровительствѣ; ибо Франки (Европейцы), видѣвъ изнеможеніе ея, приводили ее въ трепетъ своими угрозами. Въ сіе-то время Итaліанцы, постигая всю важность своего политическаго вліянія и основывая всѣ свои виды на возвышеніи торговли, дали факторіямъ и конторамъ своимъ выгоднѣйшее образованіе.

Онѣ составляли значительную часть того города, въ коемъ были учреждаемы, и имѣли тамъ свои домы, церковь, торговыя площади, бани и амбары; всѣ Европейцы, принадлежавшіе къ факторіямъ, не только удержали право судиться между собою своими законами, но даже требовали,

---

(1) Сѣверн. Архивъ 1827 года, No 12. (2) Hist. des Croisades par Michaud. liv. V.

чтобъ всякія дѣла ихъ съ туземцами рѣшались въ ихъ же судѣ; чтобъ имъ позволено было, при продажѣ своихъ товаровъ, употреблять свой вѣсъ и мѣру; наконецъ, они требовали освобожденія отъ разныхъ пошлинъ и повинностей (1). Венеціанамъ были предоставлены всѣ сіи права и большая часть оныхъ Пизанцамъ и Генуэзцамъ въ Константинополѣ, Іерусалимѣ, Тирѣ, Птолемаидѣ, Сурѣ, Аскалонѣ и въ другихъ городахъ Восточной Имперіи и Палестины.

По взятіи Крестоносцами Константинополя, Венеціанамъ досталась въ удѣлъ четвертая доля Восточной Имперіи, содержавшая въ себѣ часть столицы, всѣ берега Геллеспонта, островъ Корфу, города Модонъ и Коронъ въ Мореѣ, Дураццо и нѣсколько островковъ на моряхъ Адріатическомъ и Эгейскомъ (2). Сокровища и владѣнія, пріобрѣтенныя Венеціанами, доставили имъ господство на моряхъ Греческихъ, и вскорѣ корабли ихъ покрыли Понтъ Евксинскій, и вскорѣ Тана увидѣла въ стѣнахъ своихъ дѣятельнѣйшій народъ того времени, который подкрѣпилъ и распространилъ торговые обороты ея съ Индіею, Персіею, Арменіею и другими землями Востока (3).

Но Генуэзцы, никогда не упускавшіе случая вредить своимъ совмѣстникамъ, склонили Михаила Палеолога изгнать Венеціанъ изъ Константинополя; а сами, сдѣлавшись между тѣмъ обладателями Чернаго моря, съ дозволенія Моголовъ

---

(1) Сѣверн. Архивъ 1827 года, No 12. Hist. des Crois. par Michaud, tom. II (2) Introduction à l'Histoire générale etc. par Pufendorf; Сѣверный Архивъ 1827 года, No 13. (3) Hist. des Crois. par Michaud, tom. V.

возобновили въ Тавридѣ древнюю Ѳеодосію подъ именемъ Кафы и постепенно завладѣли Судакомъ, Балаклавою и Танаисомъ, или Азовомъ (1). Тогда Александрія вознаградила потери Венеціанъ, обогативъ ихъ драгоцѣннѣйшими произведеніями Восточной Индіи (2). Сѣверный берегъ Африки представлялъ также богатую жатву для торговли Италіанцевъ. Три соревнующія между собою республики (Венеція, Генуя, Пиза) предложили свой союзъ тамошнимъ владѣтелямъ и получили отъ нихъ самыя выгодныя права для торговли. Особенно Венеція умѣла снискать отличное благоволеніе Султана Тунисскаго: »отправляй свои караваны, »куда угодно, чрезъ наши владѣнія,—пишетъ онъ въ договорѣ,—пусть верблюды твои насыщаются на поляхъ нашихъ; повелѣваю всѣмъ правовѣрнымъ летѣть на помощь »купцамъ твоимъ при первомъ требованіи ихъ Консула (3)« и проч. Тоже счастіе сопровождало ее въ Сиріи, при заключеніи коммерческихъ трактатовъ съ Иконійскимъ и Алепскимъ Султанами (4).

Изъ сего краткаго обозрѣнія земель, съ которыми тогда торговали Италіанцы, можно уже предузнать и товары, доставлявшіеся ими въ Европу. Начнемъ съ Греческой Имперіи. Здѣсь кромѣ шелка и богатыхъ парчей, покупали они дорогіе мѣха, привозимые Рускими гостями въ Суражь, на обмѣнъ разныхъ восточныхъ тканей и пряныхъ кореньевъ (5). Изъ Тавриды получали соль и золото (6); Персія

---

(1) Истор. Госуд. Росс., т. IV. (2) Сѣверн. Архивъ 1827 года, No 13. (3) Тамъ же. (4) Тамъ же. (5) Истор. Госуд. Росс., т. III. (6) Тамъ же и Сѣверн. Архивъ 1827 года, No 13.

доставляла шелковыя и бумажныя матеріи; Сирія сахарный тростникъ, родившійся преимущественно въ области Триполиской, гдѣ извлекали изъ него сокъ *цукру*. Сіе растѣніе оказало большую пользу Крестоносцамъ, когда они, въ изнеможеніи отъ голода и жажды, едва не погибли подъ стѣнами Маарги и Архаса; въ Европѣ прежде развели оное въ Сициліи, Италіи и Испаніи (1). Сверхъ того изъ Леванта вывозились: Китайская шелковая писчая бумага, шерстяныя, шелковыя и хлопчато-бумажныя ткани Алепскихъ, Мозульскихъ и Триполискихъ фабрикъ (2); сіи ткани окрашивались въ лучшіе цвѣты въ Тирѣ, славившемся также по своимъ стеклянымъ издѣліямъ и по искусству обработывать сахарный тростникъ (3). Газа и Кипръ торговали превосходнѣйшими винами (4), Дамаскъ разнымъ оружіемъ и сливами, вывезенными въ Европу въ началѣ XIII столѣтія однимъ изъ Герцоговъ Анжуйскихъ (5). Вообще Европа обязана Леванту большею частію плодовитыхъ деревъ, нынѣ въ ней разводимыхъ. Во время четвертаго Крестоваго похода Бонифацій де Монферратъ прислалъ въ Италію кукурузу (маисъ или Турецкая пшеничка) (6). Александрія доставляла произведенія Восточной Индіи, особенно пряные коренья: кубебу (родъ перцу) и простой перецъ, инбирь, мускатный цвѣтъ и орѣхъ, гвоздику и корицу; сверхъ того жемчугъ, драгоцѣнные камни и Аравійскія благовонныя смолы (7). Въ Еги-

---

(1) Hist. des Crois. p. Michaud, liv. IV. (2) Тамъ же, томъ V. Discours sur l'Influence des Croisades etc. par Lemoine. (3) Hist. des Crois. p. Michaud, liv. IV. (4) Тамъ же, liv. I et VIII. (5) Тамъ же, tom. V. (6) Тамъ же, tom. V. (7) Discours de. J. J. Lemoine.

пѣ покупались также ленъ, шелкъ, слоновая кость и финики (1). Тогда же Европейцы узнали лѣкарственные и красильные матеріалы: Антіохійскій ѳиріакъ, Аскалонскій чеснокъ, — средство противъ уязвленія змѣй, — Александрійскій листъ, манну, ревень и кассію; Арабы научили Европейцевъ употребленію минеральныхъ водъ и открыли имъ свойства квасцовъ, орсели, индига и шафрана, кои получаемы были чрезъ Египетъ и Левантъ (2). Всѣ народы, обитавшіе на пространствѣ отъ Константинополя, Азова и Астрахани до Восточной Индіи и сѣвернаго берега Африки, находились въ тѣсныхъ между собою торговыхъ связяхъ; товары одного всегда почти можно было найти у другаго. Африка, житница Западной Римской Имперіи, въ средніе вѣки снабжала Европу хлѣбомъ и, вѣроятно, доставляла отчасти золото и жемчугъ, за привозъ которыхъ изъ Индіи Султанъ Иконійскій освобождалъ торговцевъ отъ платежа пошлины (3).

Толикое множество произведеній и товаровъ, большею частію служащихъ для роскоши, показываетъ, до какой степени утонченъ былъ вкусъ и измѣнился образъ жизни западныхъ народовъ Европы, дотолѣ грубыхъ и презиравшихъ дары изобилія. Но чего не производитъ могущественный духъ промышленности? Освобожденный силою Креста отъ оковъ, его связывавшихъ, онъ восторжествовалъ надъ Европою — и произвелъ въ ней повсемственную дѣятельность; ободренная торговля съ большею живостію начала произ-

---

(1 и 2) Discours de. J. J. Lemoine. (3) Сѣверн. Архивъ, 1827 года, No 13.

водиться на моряхъ и на сушѣ. Грозныя Альпы, отдѣлявшія полуденную Германію отъ Ломбардіи, уступили дѣятельности обитателей сихъ двухъ странъ, взаимно обогащавшихся. Тогда явились вольные города, коихъ жители присвоили себѣ особенныя преимущества. »Клянемся, произносили они торжественно, клянемся жить братьями! Взаимное пособіе и защита, единодушная ненависть ко врагамъ нашей свободы, мщеніе нарушителямъ правъ ея да будутъ основою нашего союза, первымъ непреложнымъ закономъ гражданской любви! Да царствуютъ между нами миръ и согласіе; да бѣгутъ отъ насъ вражды и раздоры (1)!« Такъ утверждался союзъ новаго сословія въ государствахъ, такъ долголѣтняя опытность начертывала условія, необходимыя для существованія, благоденствія и силы вольныхъ городовъ. Ихъ граждане не только не опасались за жизнь свою, но и собственность ихъ была неприкосновенна (2).

Среднее состояніе людей образовалось сначала въ Италіи, и послѣ продолжительной, упорной борьбы съ Императоромъ Фридрихомъ получило, наконецъ въ 1183 году, по силѣ договора, заключеннаго въ Констанцѣ, желаемыя права и выгоды (3). Вскорѣ во всѣхъ западныхъ Государствахъ Европы распространилось сіе новое сословіе и удостовѣрило народы въ пользѣ своего существованія. Владѣтели охотно предоставляли ему права гражданскія, и чрезъ сіе благо-

---

(1) The Hist. of the reign. etc. by Robertson, vol. I, note XVI. (2) Тамъ же. (3) Тамъ же, vol. I, note XV.

21*

пріятствовали успѣхамъ торговли и промышленности въ подвластныхъ имъ государствахъ.

Такимъ образомъ, когда Венеція, по окончаніи Крестовыхъ походовъ, овладѣла Левантскою торговлею на сухомъ пути и на морѣ; когда въ Италіи распространились мануфактуры отъ Царскихъ чертоговъ до жилищъ подданныхъ: тогда купцы изъ Регенсбурга, Вѣны, Аугсбурга и Ниренберга стекались въ сію страну богатства и роскоши, заводили въ ней факторіи, и тамошніе товары доставляли въ Маинцъ, Кельнъ и Эрфуртъ, откуда оные уже развозимы были по Саксоніи, Вестфаліи, Нидерландамъ и Франціи (1). Выгоды естественнаго положенія трехъ послѣднихъ земель были поводомъ ко вступленію ихъ въ тѣснѣйшія торговыя связи между собою; Ниренбергскіе купцы составили даже въ Ліонѣ компанію и получили тамъ право торговать еще двѣ недѣли послѣ каждой изъ четырехъ ярмарокъ, ежегодно бывавшихъ въ семъ городѣ (2). Сами же Италіанцы привозили свои произведенія по Атлантическому Океану въ Брюге и Антверпенъ, гдѣ и складывали оныя (3); а во Франціи права ихъ были столь обширны и обременительны для народа, что Людовикъ X принужденнымъ нашелся ихъ ограничить (4). Не взирая однакожъ на сіе, пшеница, сукна и полотна Французскія сильно привлекали Италіанцевъ. Сіи товары, а также лѣсъ, смола, пенька, ленъ и желѣзо, получаемые съ сѣвера, вознаграждая

(1, 2 и 3) Сѣверн. Архивъ, 1827 года, No 14. (4) Тамъ же и the History of the reign. etc. by Robertson, vol. I, note XXIX.

ихъ съ избыткомъ за ревностное стараніе о распространеніи торговли, составляли главные предметы вывоза въ восточныя страны, куда, вѣроятно, Италіанцы же привозили золото, серебро, кораллы и амбру (1).

Мануфактурная промышленность вообще начала развиваться отъ благотворнаго дѣйствія Крестовыхъ походовъ; но обнять ихъ вліяніе на всѣ ея отрасли, говоритъ Геренъ, невозможно уму человѣческому. По крайней мѣрѣ извѣстно, что Европейцы переняли у восточныхъ народовъ искусство работать парчи, шелковыя и хлопчатобумажныя ткани, красить оныя и извлекать сокъ изъ сахарнаго тростника; утверждаютъ даже, что и вѣтреныя мѣльницы изобрѣтены жителями Малой Азіи.

Распространенію промышленности весьма много способствовало также изданіе постановленій, ей благопріятствующихъ. Мореходство обратило на себя вниманіе разныхъ Правительствъ. Элеонора, Герцогиня Гіенская, а послѣ нея Ричардъ I (Львиное сердце) обнародовали *Право Олеронское* (2) въ пользу торговли на моряхъ западныхъ, а на восточныхъ покровительствовалъ ей *Морской Кон-*

---

(1) Discours de Lemoine.
(2) Hist. des Crois. p. Michaud, liv. XVIII. — *Право Олеронское*, Roles d'Oleron, на древнемъ Французскомъ языкѣ le ley Olyroun, по увѣренію *Сельдена* и *Конринга*, было издано первоначально Англійскимъ Королемъ Эдуардомъ I для поощренія торговли жителей острова Олерона, славившихся тогда искусствомъ въ мореплаваніи. Симъ правомъ должны были руководствоваться и чужеземцы, производившіе торговлю съ Олеронцами. Ричардъ I, по возвращеніи своемъ изъ Обѣтованной Земли, исправилъ и умножилъ его дополненіями.

сулской Уставъ, составленный въ Барцелонѣ (1). Сверхъ того многіе изъ Государей, участвовавшихъ въ Крестовыхъ походахъ, ознаменовали возвращеніе свое въ Европу введеніемъ лучшихъ узаконеній для промышленности и торговли въ своихъ владѣніяхъ; также установили взимать разныя пошлины по примѣру Палестины, какъ-то: таможенныя, транзитныя, мостовыя, дорожныя, при въѣздахъ и выѣздахъ изъ городовъ, при продажѣ и покупкѣ товаровъ и проч. (2). Хотя сіи постановленія сначала и были тягостны для купцовъ, но въ замѣнъ того ограждали ихъ отъ притѣсненій и самовольства, коимъ часто подвергались они въ прежнія времена.

Изобрѣтеніе *векселей* конечно не имѣетъ никакого отношенія къ Крестовымъ походамъ; но распространеніе ихъ принадлежитъ къ необходимымъ послѣдствіямъ сей брани. Если бы торговля осталась въ прежнемъ положеніи и не

---

(1) Hist. des Crois. p. Michaud, liv. XVIII и Сѣверн. Архивъ, 1827 года, No 13. — *Морской Консульской Уставъ*, il Consolato del mare, Consulat de la mer, содержитъ въ себѣ всѣ узаконенія и постановленія, въ разныя времена изданныя, касательно мореплаванія, Греческими и Римскими Императорами, Французскими и Испанскими Королями, также владѣтелями Сиріи, Кипра, Маіорки и Венеціанскою и Генуэзскою республиками. Сей сводъ морскихъ узаконеній составленъ былъ по повелѣнію Аррагонскихъ Королей и вскорѣ принятъ въ руководство всѣми почти Европейскими народами, производившими морскую торговлю, и въ особенности торгъ невольниками. Онъ обнародованъ въ Римѣ 1075 года, Марсели 1162, Генуѣ 1186, на о. Родосѣ 1190, въ Венеціи 1215 и т. д. Новѣйшія морскія права и постановленія о судоходствѣ, изданныя въ Испаніи, Франціи, Италіи и Англіи, заимствованы отчасти изъ сего творенія.
(2) Hist. des Crois. p. Michaud, tom. II.

вышла изъ тѣснаго круга своего дѣйствія, то Европа долго не обратила бы вниманія на сіе важное изобрѣтеніе Евреевъ и не воспользовалась выгодами, отъ него проистекающими. Что касается до *Банковъ*, то учрежденіе ихъ непосредственно относится къ симъ же походамъ; они-то, возведя Венеціанъ на степень перваго по торговлѣ народа въ Европѣ, естественнымъ образомъ указали имъ прежде другихъ Европейцевъ пользу Банковъ; а потому и первый Банкъ былъ открытъ въ ихъ республикѣ. Вскорѣ и Ломбардцы послѣдовали ихъ примѣру и Банки мало по малу размножились въ Европѣ; но много прошекло времени, пока законы утвердили ихъ бытіе и дали имъ надлежащее образованіе. Первоначальная цѣль ихъ состояла въ ссудѣ денегъ за проценты. Въ XIII вѣкѣ брали обыкновенно по 20 процентовъ (1), — неоспоримое доказательство того, сколь много Крестовые походы оживили торговлю и обогатили купечество!

Крестоносцы, распространяя свѣтъ Христіанскаго ученія въ Пруссіи, Литвѣ и Финляндіи, предуготовили славу торговыхъ городовъ Данцига, Торна и Эльбинга (2). Не Священная ли брань была основою сильнаго и знаменитаго *союза Ганзейскаго*, который, обогащая 80 городовъ въ Европѣ, охранялъ ихъ спокойствіе и имѣлъ великое вліяніе на торговлю нашего любезнаго Отечества? Не смѣя обременять Вашего вниманія, П. П! я умалчиваю о собы-

---

(1) The Hisr. of the reign etc. by Robertson, vol. I, note XXIX. (2) Hist. des Crois. par Michaud, tom. V.

тіяхъ, благопріятствовавшихъ успѣхамъ Ганзы, о правахъ, полученныхъ ею въ разныхъ государствахъ и о всегдашней готовности ея къ защищенію своей свободы и выгодъ: довольно сказать, что Крестовые походы были для Европы зарею лучшей будущности и первыми лучами просвѣщенія начали разсѣвать мракъ невѣжества и суевѣрія, долго покрывавшій западные народы.

Въ сіи времена и Россія не осталась бы спокойною зрительницею славныхъ подвиговъ, совершаемыхъ Крестоносцами въ Палестинѣ. Геройскій духъ Славянъ, вѣроятно, порывался на блистательное поприще Франковъ; но мы имѣли, говоритъ Карамзинъ, собственныхъ непріятелей, и земля наша со временъ Ярослава орошалась кровію и слезами народа (1). Впрочемъ наши предки не были вовсе лишены благодѣяній торговли. Кіевъ еще въ X вѣкѣ именовался вторымъ Константинополемъ и подражалъ ему въ роскоши. Тогда можно было найти въ древней столицѣ Руской такіе предметы восточнаго богатства, какихъ еще не знали во многихъ странахъ на западѣ; на пр. пурпуръ, шелкъ, сафьянъ, южные плоды и перецъ (2). А великій Новгородъ прельщалъ Нѣмцовъ изобиліемъ своихъ произведеній и драгоцѣнными товарами Греческой Имперіи. Кромѣ того въ Россіи славились торговлею: Псковъ, Смоленскъ, Любечь и Черниговъ (3).

Крестовые походы доставили иноземнымъ купцамъ случай короче узнать Россію и, вѣроятно, она скоро обратила

---

(1) Истор. Госуд. Росс., т. II и V. (2 и 3) Тамъ же, т. I.

бы на себя вниманіе всего Запада, если бы не находилась тогда въ столь бѣдственномъ положеніи. — Намъ было не до просвѣщенія, когда Европа стремилась къ оному (1). Но торговля и въ жестокомъ угнетеніи Рускаго народа не погибла совершенно. Моголы щадили нашихъ купцовъ и, въ знакъ милости, давали имъ ярлыки для безопасныхъ разъѣздовъ, свободной купли и продажи товаровъ внутри Россіи. Наконецъ, когда она свергнула съ себя иго иноплеменное и поработила прежнихъ обладателей своихъ, тогда любезное Отечество наше стало постепенно укрѣпляться и возрастать въ могуществѣ, обогащаясь притомъ отъ торговли, производимой почти со всѣми извѣстными народами. Уже давно флаги Россійскіе развѣваются на отдаленнѣйшихъ моряхъ и изумляютъ вселенную. Она слышала громъ нашего оружія за хребтомъ Кавказскимъ. Теперь орлы Россійскіе торжественно возсѣдаютъ на вершинахъ Арги-тага (Арарата) и осѣняютъ крылами Арменію, куда Востокъ слагаетъ бремя своего изобилія и откуда наша торговля можетъ проникнуть въ отдаленнѣйшія страны Азіи (2).

Великій МОНАРХЪ! какою славою ознаменовано начало Твоего Царствованія! Куда не достигнетъ теперь отечественная торговля, Тобою покровительствуемая? Ты поставилъ въ числѣ главнѣйшихъ выгодъ блистательнаго мира съ Персіею распространеніе торговли (3). Ты изрекъ:

---

(1) Истор. Госуд. Росс., томъ V. (2) Отдѣльный актъ относительно покровительства торговли и пр. стат. I. (3) Трактатъ вѣчнаго мира между Россіею и Персіею 1828 года, Февр. 10, стат. X.

войны съ Портою требуютъ важнѣйшія пользы Черноморской торговли (1)! Да увѣнчаетъ Всемогущій сей новый подвигъ Твой торжествомъ надъ врагами Христіанства!.. Да понесутъ неистовые Оттоманы, за гордость и вѣроломство, достойную кару отъ руки побѣдоноснаго Россійскаго воинства, подвизающагося предъ очами Твоими и Твоего Августѣйшаго Брата!.. Герои Порфирородные! съ какимъ благоговѣйнымъ восторгомъ взираетъ на Васъ возлюбленное Отечество!.. Оно чувствуетъ всю великость Вашихъ подвиговъ, всю великость жертвы, приносимой Вами на алтарь его! — Такъ подвизались нѣкогда доблестные предки Ваши, Братья *Димитрій* и *Владиміръ*, сокрушившіе въ нѣдрахъ Россіи несмѣтныя полчища нечестиваго Мамая; — такъ подвизались во дни наши, такъ поражали предъ очами изумленной Европы и спасенной, торжествующей Россіи, несмѣтныя полчища Галловъ — АЛЕКСАНДРЪ Благословенный и КОНСТАНТИНЪ!.. То же мужество, тѣ же высокія Царственныя доблести, какъ завѣтное наслѣдіе, какъ врожденныя свойства Вѣнценосныхъ Героевъ Сѣвера, — и Вамъ вполнѣ дарованы Провидѣніемъ. И кто же изъ вождей и воиновъ, подвизающихся предъ очами Вашими, кто не полетитъ по первому мановенію, на пораженіе враговъ, кто убоится вкусить сладкую смерть за ЦАРЯ и Отечество, на полѣ брани?...

Отецъ Небесный! Храни подъ кровомъ Своимъ МОНАРХА-Отца Россіи! Простри надъ Нимъ всемощную десницу Твою, да будетъ она щитомъ и огражденіемъ Ему противу

---

(1) Декларація 1828 года, Апрѣля 14.

сопостатовъ! Да ею руководимый и укрѣпляемый, совершитъ Онъ великой подвигъ Свой во славу Имени Твоего, — да отретъ слезы и остановитъ токи крови Хрістіанъ, братій нашихъ, изнемогающихъ подъ тяжкимъ игомъ и мученіями варваровъ! Да смиривъ гордыхъ поклонниковъ Магомета, угасивъ пламя брани, водворивъ миръ и тишину на Востокъ, отягченный трофеями побѣдъ, увѣнчанный лавромъ и оливою, яко торжествующій Побѣдитель и Миротворецъ, — возвратится Онъ въ Отечество вкупѣ съ Августѣйшею Своею Супругою и Братомъ; да вкуситъ, по трудахъ бранныхъ, радость и отдохновеніе въ нѣдрахъ Царственнаго Семейства, въ объятіяхъ Августѣйшія Матери и юныхъ Чадъ Своихъ! —

А мы, покоясь среди грома оружій подъ кровомъ МОНАРХА-Отца, подъ кровомъ Августѣйшія Его Матери, — какими чувствами должны преисполниться, любезные товарищи! къ Высокому Покровителю и Высокой Начальницѣ сего заведенія?.. Чѣмъ воздадимъ за сіе несравненное счастіе, за сіе Высокомонаршее Покровительство?.. Скоро мы должны будемъ оставить мѣсто своего воспитанія, разлучиться, — и можетъ быть навсегда — съ попечительнымъ Начальствомъ, съ Наставниками и юными своими товарищами. Но сколь бы Провидѣніе ни отдалило насъ другъ отъ друга, мы должны всегда помнить и чувствовать, чѣмъ были обязаны сему благодѣтельному заведенію. Такъ, любезные товарищи! поклянемся единодушно въ сіи торжественныя минуты, поклянемся — сохранить до конца

22*

жизни нашей благоговѣйныя чувствованія глубочайшей сыновней благодарности къ Августѣйшимъ Виновникамъ нашего счастія, — къ незабвенному, въ Бозѣ почивающему Государю Императору АЛЕКСАНДРУ I, въ царствованіе Коего учреждено и открыто было сіе Училище, къ Покровителю онаго, Всемилостивѣйшему Государю Императору НИКОЛАЮ ПАВЛОВИЧУ и къ Высокой Начальницѣ сего заведенія, Государынѣ Императрицѣ МАРІИ ѲЕОДОРОВНѢ! —

Сердцевѣдецъ зритъ сердца наши, Вездѣсущій слышитъ клятву нашу! — —

КЪ ТОВАРИЩАМЪ.

(*По случаю выпуска воспитанниковъ изъ Московскаго Коммерческаго Училища въ 1822 году*).

Друзья! насталъ разлуки часъ;
Врата намъ опытъ отверзаетъ;
Уже отчизна призываетъ:
„Я все содѣлала для васъ;
„Теперь явите дѣломъ, словомъ,
„На поприщѣ служенья новомъ
„Достойные меня плоды!"
Друзья! кто, кто съ душею хладной,
Безъ трепета, безъ чувствъ, внимать
Возможетъ Голосъ сей отрадной,
И сладкихъ слезъ не проливать?
Благословенная! внуши
Дѣтей обѣты неизмѣнны;
Всѣ силы сердца и души
Тебѣ Единой посвященны!
Тебѣ вся жизнь, Тебѣ вся кровь!
Прими отъ насъ благодаренье
За мирный кровъ, за просвѣщенье
Тобой воспитанныхъ сыновъ! —
Свершится наше ожиданье!...
Что насъ въ пути остановитъ,
Чей слабый духъ не оживитъ
Царицы — Матери вниманье? —
Она нашъ будетъ вождь и щитъ.

Какъ солнце посреди планетъ
Своими яркими лучами,
Такъ межъ Великими Женами
Сіяешь Ты души красой,
И санъ величественный Свой
Еще тѣмъ болѣ возвышаешь,
Что слухъ къ несчастнымъ преклоняешь.
Подъ блескомъ Царскаго вѣнца
И облеченна въ багряницу,
Благотворящую десницу
Ты простираешь къ сиротамъ,
Къ болящимъ, бѣднымъ и вдовамъ! —
О, сколько, сколько одолженныхъ,
Тебѣ признательныхъ сердецъ!
Тобой возставленныхъ, спасенныхъ,
Взносящихъ гласы до небесъ:
Да Вѣчный дни Твои умножитъ,
И сердце Той возвеселитъ,
Кто счастьемъ подданныхъ даритъ.

 А вы, граждане знамениты!
На вертоградъ воззрите сей,
Онъ въ блескѣ красоты своей! —
Труды полезны не забыты! —
Уже успѣхъ вѣнчаетъ ихъ;
Вы вкусите плоды отъ нихъ.

 Потщимся же, сыны Россіи,
Вскормленны подъ щитомъ МАРІИ,
Тѣ попеченья оправдать,
Что Общество для насъ подъяло,
За блага, кои даровало,
И насъ старалось просвѣщать! —

На кончину Ея Величества, Государыни Императрицы
МАРІИ ѲЕОДОРОВНЫ.

Еще ударъ судебъ . . . . . и нѣтъ Тебя, МАРІЯ!
На урну преклонясь, безмолвна и блѣдна,
Стоитъ въ сомнѣніи и горести Россія!
Европа въ тяжкую печаль погружена!

Намъ мнилося — Тебѣ природа обѣщала
Маѳусаиловъ вѣкъ для счастія другихъ;
Надежда сладкая сердца людей питала —
И гдѣжъ теперь звѣзда надежды сладкой ихъ?

Но взглядъ въ минувшее изображаетъ ясно,
Что рано такъ Тебя похитило у насъ,
Что Царственной души спокойствіе прекрасно
Разрушивъ, привело безвременно Твой часъ.

Давно ли зрѣла Ты, какъ яростное море
Въ Петрополь хлынуло, оставивъ берега,
Какъ воздуха и водъ въ погибельномъ раздорѣ
Ты многихъ подданныхъ лишилась навсегда?

Давно ли ЦАРЬ — Отецъ, — Твой Сынъ — Благословенный,
Нашъ Ангелъ — отъ земли скорбящей улетѣлъ?
Ему во слѣдъ, — давноль, — ЦАРИЦЫ несравненной
Тѣнь милая взнеслась въ надзвѣздный свой удѣлъ? . . . .

И нѣжная душа МАРІИ все страдала:
Одинъ ударъ судьбы свершался за другимъ;
Духъ жизни видимо и сила изсякала,
Изсякла — и ЕЕ мы нынѣ въ гробѣ зримъ!

Увы, святыхъ судебъ велѣнье непреложно!
Нашъ мудрый долгъ — терпѣть и упованьемъ жить:
Но въ горести кому изъ насъ возможно
О НЕЙ, о Матери нѣжнѣйшихъ слезъ не лить? —

Кто можетъ выразить глубокой скорби чувства
Вдовъ, старцевъ и сиротъ — любезныхъ чадъ ЕЯ?
Во мнѣ слабѣетъ духъ и въ струнахъ нѣтъ искусства:
Я самъ живу, дышу щедротами ЕЯ!...

www.ingramcontent.com/pod-product-compliance
Lightning Source LLC
LaVergne TN
LVHW061214060426
835507LV00016B/1931